4차 산업혁명, 문제해결력이 정답이다

4차산업혁명, 문제해결력이 정답이다
(창의적 사고와 문제해결능력을 키워주는 NCS 교과서)

[뿌리깊은나무®] 시리즈 No.04

지은이 ㅣ 이성대
발행인 ㅣ 홍종남

2017년 3월 20일 1판 1쇄 인쇄
2017년 3월 27일 1판 1쇄 발행

이 책을 만든 사람들
기획 ㅣ 교육연구소 배움, 홍종남
북 디자인 ㅣ 김효정
교정 교열 ㅣ 주경숙
출판 마케팅 ㅣ 김경아

이 책을 함께 만든 사람들
종이 ㅣ 제이피씨 정동수·정충엽
제작 및 인쇄 ㅣ 알래스카커뮤니케이션 장준우·김은재

펴낸곳 ㅣ 행복한미래
출판등록 ㅣ 2011년 4월 5일. 제 399-2011-000013호
주소 ㅣ 경기도 남양주시 도농로 34, 부영e그린타운 301동 301호(도농동)
전화 ㅣ 02-337-8958
팩스 ㅣ 031-556-8951
홈페이지 ㅣ www.bookeditor.co.kr
도서 문의(출판사 e-mail) ㅣ ahasaram@hanmail.net
내용 문의(지은이 e-mail) ㅣ jungam@gmail.com
※ 이 책을 읽다가 궁금한 점이 있을 때는 지은이 e-mail을 이용해 주세요.

ⓒ 이성대, 2017
ISBN 979-11-86463-23-9
〈행복한미래〉 도서 번호 054

4차 산업혁명, 문제해결력이 정답이다

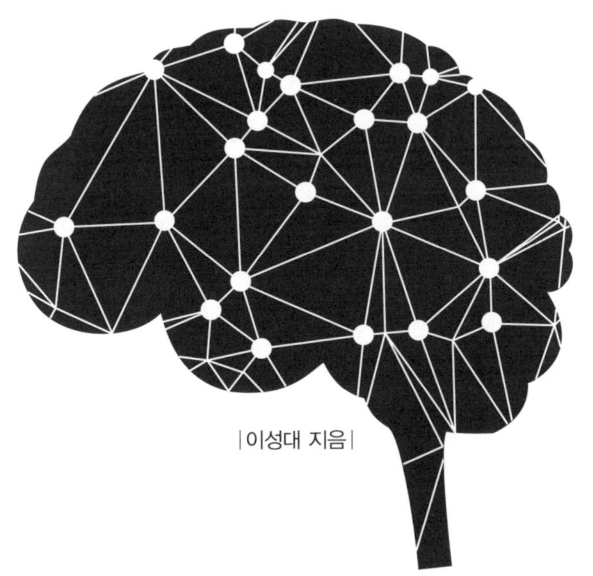

|이성대 지음|

행복한미래

차례

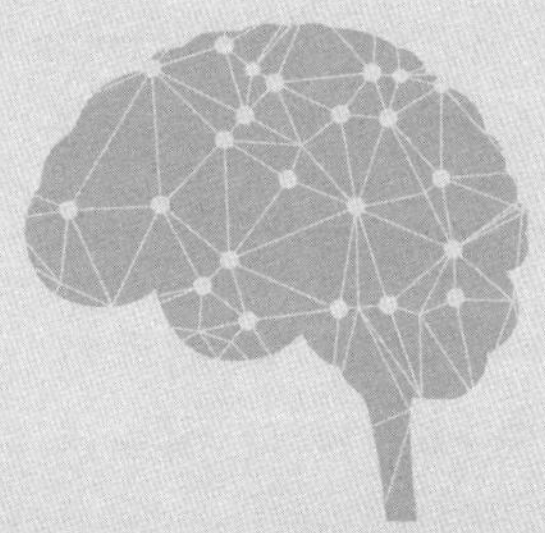

1장

사고력과 문제해결력으로 승부하라

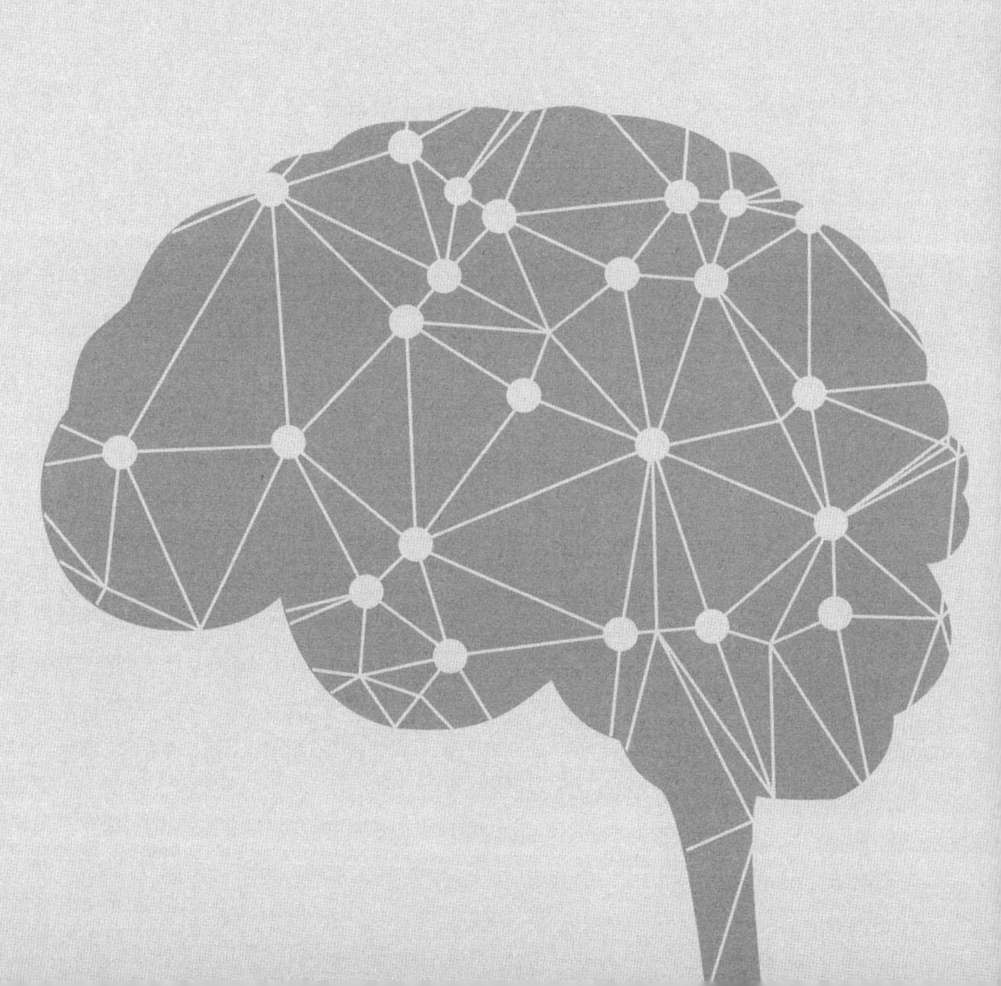

문제해결력이란 직장생활 등에서 문제가 발생했을 때 창조적이고 논리적인 사고를 통하여 이를 올바르게 인식하고 적절히 해결하는 능력을 말한다. 오늘날과 같이 사회가 격변하는 시대적 상황에서는 해결해야 할 문제는 많은 반면 급변하는 환경 때문에 과거의 성공체험이 별다른 도움이 되지 않는다. 결과적으로 새로운 문제를 신속히 발견하고 정확한 해결책을 창출할 수 있는 문제해결력의 향상을 요구받고 있다. 또 사회가 복잡한 만큼 나타나는 문제들 역시 한 가지 형태가 아니라 다양하고 복합적이라는 특징이 있다. 따라서 문제해결력을 함양시키기 위해서는 다음과 같은 요소가 필요하다.

첫째, 스스로 문제를 인식할 수 있어야 한다. 자신의 현재 상태를 점검하고 그로부터 문제를 파악하고 설정하는 문제인식능력이 필요하다는 의미이다. 이를 바탕으로 미래의 문제 상황을 개선하기 위한 계획을 수립할 수 있어야 한다. 이를 위해서는 문제해결력이 요구되는 상황이나 정보를 효과적으로 수집하여 활용하는 방법 등에 대한 이해가 필요하다.

둘째, 사고력(문제해결기획능력, 문제설정능력)과 문제처리능력을 갖추어야 한다. 사고력은 발생한 문제를 인식하고 해결하기 위해 창의적, 논리적, 비판적으로 생각하는 능력이다. 문제처리능력은 발생한 문제의 특성을 파악하고, 적절한 대안을 선택 적용하여 그 결과를 평가하고 피드백하는 능력이다. 이러한 문제해결력은 문제에 대한 이해를 토대로 현실에서 부딪히는 다양한 문제를 효과적으로 해결하는 데 필요한 창조적, 논리적, 비판적 사고력을 동원하여 문제해결 방법을 기획하는 단계가 우선된다. 이렇게 기획된 방법을 활용하여 문제를 해결하고, 그 영향과 효과를 평가하며, 새로운 문제를 설정하는 것이 최종적인 절차이다. 또한 문제해결을 위해서는 관찰, 분류, 측정, 예상, 추리 등의 기본적인 내용과 문제인식, 가설설정, 변인통제, 자료변환, 자료해석, 결론도출과 같은 통합적인 탐구 과정이 동시에 활용되어야 한다.

셋째, 다양한 경험과 요구를 바탕으로 기초적인 개념과 원리를, 간단하고 구체적인 것에서 추상적인 것으로 확장하는 능력이 필요하다. 실생활이나 업무 상황에서 구체적인 문제를 파악하여 문제해결을 위한 기초적인 개념과 원리를 이해함으로써, 이를 예상되는 즉 추상적이고 보편적인 문제해결의 원리로 발전시켜 나갈 수 있을 때 어떠한 문제가 주어지더라도 해결이 가능한 문제해결력이 갖추어질 수 있다.

넷째, 실제 현장에서 상황에 대처하는 능력을 발휘할 수 있어야 한다. 문제의 의미와 유형, 문제인식의 수준에 따른 문제해결 방법의 다양성을 이해해야 한다. 또 비판적으로 생각하는 훈련을 통해서 사고력과 다양한 시각, 관점에 대한 이해를 높이고, 대안을 찾는 훈련을 통해 창의성을 함양해야 한다.

문제해결력의 목표는 '직장생활에서 발생하는 문제를 올바르게 인식하고 적절히 해결하는 능력을 기를 수 있다'로 설정할 수 있다. 이러한 목표를 달성하기 위해 문제의 의미를 이해하고 문제의 유형에 따라서 해결방안을 기획하고 장애요소를 파악하며 해결방안을 실행한 후 결과와 영향을 평가할 수 있는 능력이 필요하다. 이런 과정의 기본이 되는 것이 비판적으로 현실과 환경을 분석하고 논리적으로 문제해결 과정을 기획하는 사고력이다. 보다 높은 수준의 문제해결력이란 남들이 보지 못하는 새로운 방안을 기획하는 창의력이다. 이런 목표를 달성하기 위해 이 책을 통해서 추구하는 학습의 목표는 다음과 같다.

● **문제의 인식과 기획**

- 일상생활이나 직장생활에서 발생한 문제를 파악할 수 있다.
- 발생한 문제의 유형을 구분할 수 있다.
- 문제해결에 필요한 기본적인 사고를 할 수 있다.
- 문제해결 과정에서 발생할 수 있는 장애요소를 예견하고, 장애가 발생하면 이를 극복할 수 있다.

● **문제해결을 위한 사고력**

- 발생한 문제를 비판적으로 사고할 수 있다.
- 문제해결 과정을 논리적으로 사고할 수 있다.
- 발생한 문제를 창의적으로 사고할 수 있다.

● **문제해결 과정**

- 발생한 문제를 해결하는 과정을 이해할 수 있다.
- 발생한 문제를 인식할 수 있다.
- 발생한 문제의 원인을 분석할 수 있다.

 4차산업혁명, 문제해결력이 정답이다

- 발생한 문제의 해결안을 개발할 수 있다.
- 발생한 문제의 해결안을 실행하고 평가할 수 있다.

|2장|

인간은 해결할 수 있는 문제만 제기한다

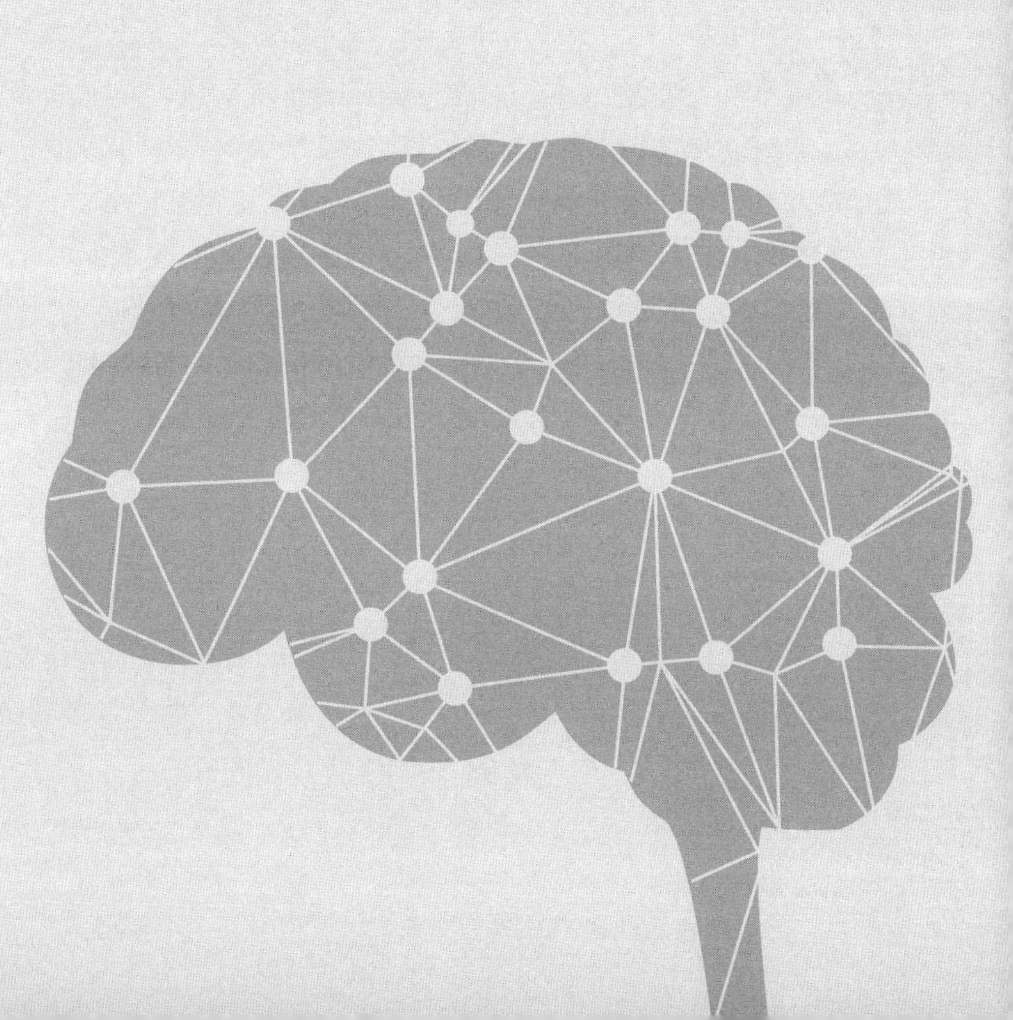

2.1
문제가 무엇인지 인식하라

문제란 무엇인가? 문제는 영어로 problem이다. 이 단어는 pro(미래, 앞)와 blemish(어려움, 장애)의 합성어이다. 따라서 문제는 앞에 놓인 극복하거나 해결해야 할 장애나 어려움이라고 정의할 수 있다. 우리 앞에 주어지거나 닥친 문제는 우리가 달성하고자 하는 목표와 현실적 상황의 차이(Gap)를 의미한다. 이런 정의에 따라 문제를 해결하기 위해서는 필수적으로 문제를 인식하는 문제의식이 선행되어야 한다. 이러한 문제의식에 기반을 두고 목표를 설정하는 것이 문제해결을 위한 올바른 접근법이다.

Gap: To-Be ↔ As-Is
도달해야 하는(요구되는) 상태와 현재 상태(현실적 상황)와의 차이

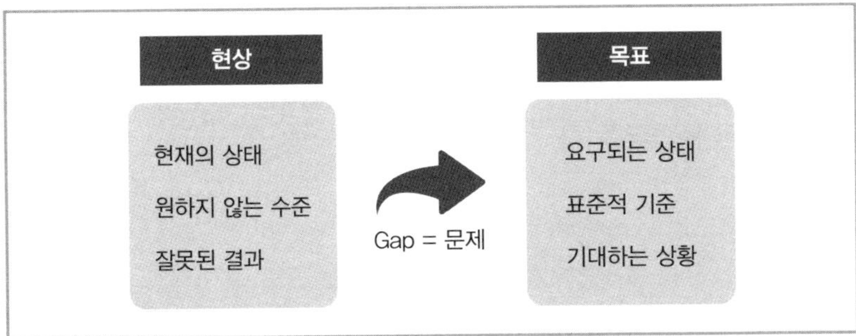

그림 1. 문제의 의미

여기에서 문제인식이란 목표와 현상의 차이를 분석하는 과정을 통해 문제를 명확하게 정의하는 것이며, 이것이 문제해결의 기본절차이다. 즉, 문제를 제대로 이해하고 파악하는 것이 문제해결을 위한 필수조건이라는 것이다. 물론 문제를 제대로 이해하는 것이 문제를 해결할 수 있는 충분한 조건임을 의미하지는 않는다. 그러나 문제해결의 출발점이라는 것은 분명하다.

일반적으로 '문제'라고 하면 우리가 직면하고 있는 장애로 해석된다. 이때의 '문제해결'은 이 장애를 효과적이고 효율적으로 제거하는 의사결정의 과정이다. 즉, 의사결정이 문제해결을 의미하는 것이다. 문제해결에 실패하는 경우들을 보면 대부분 문제를 제대로 파악하지 못하고 문제 자체와 문제의 증상을 혼동한다. 문제를 이해하기 위해서는 문제를 증상, 문제, 그리고 원인으로 나누어 정확하게 구분할 수 있어야 한다.

예를 들어 우리 몸에 발한이 나서 몸이 떨리는 경우 이것을 질병, 즉 문제로 생각하게 된다. 그러나 발한은 증상으로 분류할 수 있다. 문제 자체가 아니라 문제로 인한 결과 또는 문제의 표출이다. 이 발한을 발생시키는 문제는 체온의 과도한 상승, 즉 '열'이고 '정상체온'이라는 기대하는 목표와의 차이이다. 마지막으로 이 열을 발생시키는 문제의 진정한 원인은 '바이러스'이다.

표 1. 문제의 구성

항목	현상	내용
증상	발한	결과 또는 문제의 표출
문제	열	정상체온과의 차이
원인	바이러스	문제의 진정한 소스

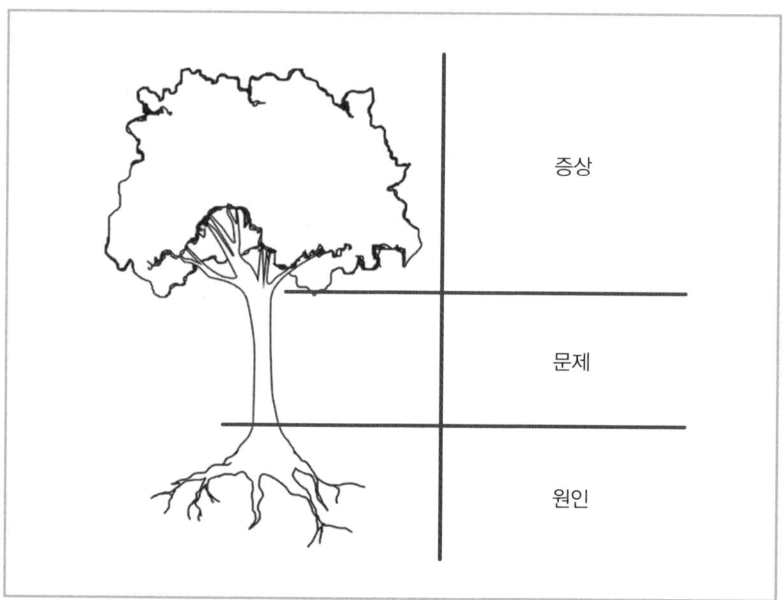

그림 2. 문제의 구성

 4차산업혁명, 문제해결력이 정답이다

따라서 몸이 떨리는 것을 바로잡기 위해서 노력하거나 열이 나는 것만을 문제 삼아서 옷을 벗어 던지는 것으로는 문제를 해결할 수 없다. 오히려 병을 더 악화시키거나 합병증을 일으킬 수도 있다. 문제의 원인인 바이러스를 제거하는 것이 문제해결을 위한 올바른 접근법이다. 문제를 정확히 이해하고 올바른 접근에 의한 행동만이 문제를 해결할 수 있으며 잘못된 이해를 바탕으로 한 행동은 문제를 악화시키고 문제의 해결을 어렵게 만든다.

이러한 사례는 최고의 카메라 필름 회사였던 코닥(Kodak)의 실패를 통해 확인할 수 있다. 디지털카메라 기술의 발달과 확산으로 필름 매출이 급감하던 시기에 대표적인 필름업계 Top 3 회사들은 각기 다른 전략을 선택하게 된다. 그중 코닥은 새로운 광고를 시도하고 이벤트를 벌여 필름 매출을 높이는 것에 사활을 걸었으나 매출은 살아나지 않았고 결국 파산의 길을 걷게 되었다. 1881년 설립된 코닥은 1960~1970년대 미국에서 현재의 구글이나 애플처럼 가장 선망되던 기업이었다. 1975년 세계 최초로 디지털카메라를 개발해 디지털카메라 시장을 가장 먼저 선점했음에도 불구하고, 필름 산업에 집착한 것이 몰락의 원인이 되었다. 결국 세계 필름업계 Top 3에 드는 회사 중 후지필름만 살아남았는데, 시대의 변화를 예견하고 다가올 문제를 정확히 진단하고 변신을 시도했기 때문이다.

문제가 발생하고 도전을 요구하는 곤란한 상황에 직면하면 대부분은 뭔가 조치를 취하지 않으면 안 될 것 같은 강박관념에 지배당하게 된다. 당장 무엇인가를 해야만 할 것 같은 압박감을 느끼는 것이다. 이때 아무런 행동을 취하지 않으면 회피하는 것처럼 보여질까봐 두렵기도 하고 조직이나 개인 스스로 그렇게 믿게 되기도 한다.

이런 상황에서 뭔가 행동을 취하면 그 행동을 수행하는 동안은 자신뿐만 아니라 주변도 뭔가를 하고 있다는 것에 대해 안심하게 되기 때문에 그 행동을 지속하게 된다. 그러나 이 행동이 문제를 해결하는 적절한 대응이 아니라면 새로운 문제를 야기하거나 문제를 더욱 악화시킨다는 점에서 심각한 결과로 이어지기 십상이다. 앞에서 설명했던 코닥의 경우 변화에 순응하는 방식이 아니라 과거에 집착하는 방향으로 행동했기 때문에 재무 상황을 악화시켜 결국 파산을 피할 수 없게 된 것이다.

톡! Talk? 후지필름과 바로드림서비스

디지털카메라가 보급되기 전까지 카메라는 모두 필름카메라였다. 따라서 자연스럽게 필름 제조업체들이 크게 성장했고, 세계 Top 3는 코닥, 아그파, 그리고 후지필름이었다. 하지만 디지털카메라의 시대가 열리자 필름 제조업체인 코닥, 아그파, 후지필름은 하락세로 돌아섰다. 결국 코닥은 2012년에, 아그파필름은 2005년에 각각 파산하게 된다. 그러나 디지털카메라를 제일 먼저 개발했던 코닥과 달리 후지필름은 코닥보다 10년 앞서 디지털시대가 올 것이라 예상하고 디지털 기술을 개발해왔기 때문에 다른 필름 제조사들과 달리 다른 사업에까지 진출하며 계속 성장할 수 있었다.

후지필름이 살아남을 수 있었던 것은 기존의 자원을 활용해 새로운 제품군을 개발할 수 있었기 때문이다. 후지필름은 자신들의 강점인 필름 기술을 기존의 카메라용 필름에만 제한하지 않고 새로운 기술의 변화에 적용하는 도전을 시도했다. 후지필름이 필름사업을 정리하던 시기는 PDP TV와 LCD TV가 기존의 브라운관 TV를 대체하고 있었는데, 후지필름은 이 중 LCD 패널이 대세가 될 것이라 판단하고 LCD 패널 필름사업에 과감하게 투자했고 그것이 회생의 기회가 되었다. 여기에서 그친 것이 아니라 후지필름은 2006년 화장품 사업에 진출하게 된다. 필름은 화학물질을 매우 얇게 도포해야 하는데 그 두께는 약 1마이크로미터(μm) 이하를 유지해야 하는 고도의 기술이다. 이 기술을 이용하여 화장품 성분을 나노미터로 미세화하여 배합하는 나노포커스 기술을 적용하여 화장품 성분을 피부에 안정적으로 침투시킬 수 있었다. 그것이 후지필름이 화장품 사업에 뛰어들 수 있게 된 계기였다. 후지필름은 기존의 자원을 낡은 것으로 취급하지 않고 새롭게 활용하는 열린 마음으로 접근하여 새로운 사업분야를 개척할 수 있었던 것이다.

우리나라에서 찾을 수 있는 다른 성공사례는 오프라인 서점에서 실시하고 있는 '바로드림 서비스'이다. 온라인 서점의 확대로 오프라인 서점들은 경영에 곤란을 겪게 되었다. 온라인 서점은 가격과 편리성으로 오프라인 서점을 위협하기 시작했는데, 가장 큰 강점은 할인된 가격에 직접 서점에 가지 않아도 집에서 편하게 책을 받을 수 있다는 것이었다. 그러나 여기에도 약점은 있다. 온라인 서점에서 주문한 책은 오프라인 서점에서처럼 곧바로 내 손에 들어오지 않는다. 이 점에 착안한 것이 바로 '바로드림서비스'인데, 온라인 서점을 이용하듯이 온라인에서 주문하면 한두 시간 후에 가까운 서점에서 바로 책을 받아 볼 수 있게 한 서비스이다. 결론적으로 온라인 서점의 위협에 저항하기보다는 오프라인 서점의 자원을 적극적으로 활용함으로써 성공을 이끌어낸 사례이다.

문제를 제대로 인식하기 위해서는 우리가 문제라고 파악할 수 있는 것이 무엇인지 정확히 이해해야 한다. 문제는 바라는 상태, 즉 목표와 현재의 상황(현상)의 차이를 의미한다고 정의했었다. 기업의 입장에서 실제로 직면하게 되는 문제라고 정의할 수 있는 것은 소비자의 요구와 서비스의 차이, 제품 생산현장에서의 표준(작업표준, 기술표준)과 생산제품의 질적 차이, 과거의 실적과 현재의 실적(가깝게는 전년도 실적과 올해 현재 실적의 차이), 그리고 다른 경쟁회사나 회사 내 다른 부서와의 차이 등이 그 예가 될 것이다.

이러한 문제가 실제 해결해야 할 과업으로 주어질 때 이를 '과제'라고 표현한다. 과제는 조직의 필요성에 의해서 강제로 부과되거나 본인의 자발적인 의지에 의해서 해결해야 할 대상으로 선정된 문제를 말한다.

문제의 유형만 알아도 해결방법이 보인다

문제를 제대로 정의하고 해결하기 위해서는 문제를 일정한 유형으로 분류할 필요가 있다. 문제의 종류는 크게 3가지로 분류할 수 있는데 이미 발생해서 드러난 경우, 상황이나 환경의 변화로 인해서 발생할 가능성이 있는 경우, 그리고 새롭게 다가올 변화를 예측하고 스스로 만들어내는 경우이다.

첫 번째, 먼저 이미 발생해서 드러난 문제는 시간상으로 보면 과거에 이미 일어난 문제이며, 발생원인은 기준을 이탈하거나 미달하여 목표에서 벗어난 것이 그 이유이다. 이런 문제는 눈에 보인다는 특성을 가지고 있으며 대응이 요구되는 행동은 원인을 규명하는 절차적 과정이다.

두 번째, 기술이나 환경의 변화는 기존에 적용되어 왔던 기준의 변화를 요구한다. 이때 대두되는 문제는 시간적으로 현재 진행되고 있거나 발생 가능성이 예상되는 것들이다. 이런 문제는 성격상 기대치를 높이고자 하는 의지에 의해 발생하는 것이며 현재의 상태를 개선하고 개량하며 강화하려는 움직임으로 나타나게 된다. 이런 경우는 목표의 수준이 높아지는 특성이 있으므로 문제의식 수준에 따라 문제로 인식될 수 있다. 현재 상태에서 더 잘해보려는 접근이 있을 때 발생된다는 점이 특징이다.

세 번째, 마지막으로 새로운 기준을 창출해야 하는 경우의 문제는 미래형 문제라고 정의할 수 있다. 앞의 두 문제와 달리 참고하거나 변경해야 할 기준이 없기 때문에 새로운 기준을 설정해야 한다는 점에서 해결이 쉽지 않다. 이런 유형의 문제는 미래의 환경이나 변화를 예측해서 조직이나 개인이 앞으로 어떻게 행동하고 대처해야 할 것인지와 관련된 것들이다. 따라서 새로운 기술을 개발하거나 비즈니스를 기획하고 개척해서 개인이나 조직이 생존하기 위한 리스크 회피 전략을 만드는 것이 문제를 해결하는 것이다. 즉, 주어진 문제를 해결하는 것이 아니라 해결해야 할 문제를 생각하고 만들어내야 하는 유형이며 미래를 위해 지금 해야 할 일과 관련된 내용이 행동의 기준이 된다.

정리하면 문제의 유형은 현재 문제가 일어나 원상복귀가 필요한 상황이 보이는 문제(발생형 문제), 현재 상황은 아니지만 더 잘할 필요가 있어 현재 상황을 개선하기 위해 찾는 문제(탐색형 문제), 미래 환경 변화에 대응해 앞으로 발생할 수 있는 미래 문제(설정형 문제)라는 3가지로 구분할 수 있다.

:: 다음에 제시된 각 상황이 보이는 문제, 찾는 문제, 미래 문제 중 어디에 해당되는지를 찾아 ○ 표시를 하고, 그 이유를 적어보자.

[상황 A] 제조부서의 K 부장에게 제품불량에 대한 고객들의 클레임이 발생했다.

[상황 B] 생산부서의 L에게 생산성을 15% 높이라는 임무가 떨어졌다.

[상황 C] 기획부서의 J에게 자동차 생산 분야로 진출할 때 발생 가능한 문제를 파악하라는 지시가 내려왔다.

[상황 D] 생산부서의 M은 중국에 생산라인을 설치할 때 고려해야 하는 문제들이 무엇인지를 판단해야 하는 상황에 처해 있다.

[상황 E] 경쟁사의 품질수준이 자사의 품질수준보다 높다는 신문기사가 발표된 후 자사 상품의 판매부진이 누적되고 있다.

[상황 F] 자사의 자금흐름이 이대로 두면 문제가 발생할지도 모른다는 판단하에 향후 1년간 제품판매에 따른 자금흐름에 대한 예측이 요구되었다.

	보이는 문제	찾는 문제	미래 문제	이유
상황 A				
상황 B				
상황 C				
상황 D				
상황 E				
상황 F				

2.3
문제해결의 프로세스를 이해하라

문제가 무엇인지에 대해 이해했다면 이제 문제를 해결하는 절차를 알아볼 차례이다. 앞서 설명한 것처럼 문제를 해결하기 위한 첫 단계는 문제를 명확하게 정의하는 것이다. 문제를 명확하게 인식하는 것이 정확한 목표를 설정하기 위한 필수요건이며, 이 목표가 올바르게 설정되었을 때 제대로 문제를 해결할 수 있다.

문제해결 프로세스는 이런 과정을 밟는 것이며, 그 과정에서 고려해야 할 요소들을 놓치지 않고 점검하는 것이 성패를 좌우하게 된다. 먼저 문제를 정확하게 인식하기 위해서는 현재의 상황을 제대로 이해하고 관련된 정보를 수집하고 분석해야 한다. 이런 데이터를 기반으로 문제를 정의하면 목표가 수면으로 드러나게 되고, 그 목표를 달성하기 위한 구체적인 해결방안을 결정할 수 있다. 이 과정은 적절한 해결방안과 대안을 고려하게 되는데, 실행 후 예상되는 문제나 결과에 대한 사후대책이 필수적으로 수반되어야 올바르고 적절한 해결방안이 될 수 있다. 문제해결 프로세스의 각 단계에서 요구되는 필수요소를 살펴보자.

가. 상황 분석

1) 현황의 개괄적 분석과 열거

2) 열거된 현황의 개념적 구체화 및 분류

3) 우선순위 결정

4) 과제 배정

나. 문제 정의

1) 문제 상황 서술

2) 정보수집과 분석

3) 원인요소 규정

4) 원인요소 처리 대책

다. 목표 설정

1) 목표를 중요도에 따라 분류

2) 상충하는 목표 정리

라. 해결안 결정

1) 대안설정

2) 대안평가

3) 최종안에 대한 위험요인 분석

마. 실행 후 사후대책 수립

1) 효과적이고 효율적인 실행 계획

2) 실행결과 평가, 사후대책 마련

3) 잠재적인 문제 파악, 예방대책

바. 문제해결 방해요인

1) 잘못된 상황판단과 문제 정의

1) 문제해결을 위한 조건

① 문제의 이해

문제를 해결하기 위해서는 무엇이 문제인지를 정의해야 한다. 이를 위해서는 문제의 본질을 파악해야 하며 문제와 문제의 원인, 증상을 혼돈하지 않는 것이 중요하다. 문제의 이해는 문제에 대한 인식을 의미한다. 문제는 요구되는 상태와 현재 상태 간의 차이이므로 문제의 해결을 좌우하는 것은 차이에 대한 인식이다. 이 차이에 대한 인식이 문제해결을 위한 자세, 대응 등에 중대한 영향을 미치기 때문이다. 요구되는 상태를 너무 낮게 이해하거나 현재의 상황을 정확하게 파악하지 못할 경우 또는 현실을 너무 낙관적으로 보는 경우 문제해결에 실패하게 된다.

② 문제 파악을 위한 요소

문제를 파악하기 위해서는 우선 문제의 발생지점을 파악해야 한다. 이것은 어떤 지점에서, 어떤 업무의 과정에서, 또는 어떤 작업 과정에서 문제가 일어났는지 정확히 파악한다는 것을 의미한다. 다음에는 요구되는 상태, 즉 목표가 무엇인지를 정의해야 한다. 구체적이고 상황기술적인 목표와 상태를 정의해야 하는데 단순한 대응이 아니라 시스템적으로 접근해 조직이나 제품 전체의 도달 목표를 재설정하는 과정이다. 현재의 상태를 파악하는 것도 중요한 요소의 하나다. 현재의 상태를 구체적으로 분석하고 무엇에서 어떤 차이가 발생하는지를 알아내야 원인을 파악할 수 있다.

③ 문제해결 시도

문제를 이해하고 원인을 파악했다면 문제의 해결을 시도해야 한다. 문제해결은 문제의 원인에 대한 처방을 제시하거나 새로운 전환으로 목표 상태를 높임으로써 현재의 상태를 향상시키는 것을 의미한다. 또 미래를 위해 새로운 문제를 제시하고 극복하는 것이 문제해결을 위한 시도이다. 만약 해결이 불가능한 문제라고 파악된다면 대안인 차선을 선택하는 것 역시 문제해결에 포함된다. 반드시 시도에 뒤따른 결과와 후속 상황에 대한 대처방안까지 준비되어야 제대로 된 문제해결이라고 평가할 수 있다.

2) 문제해결의 기본 순서와 툴

① 문제 분석: SWOT 분석

② 목적 설정: 문제해결 행동일람표

③ 문제 확정: 문제 스테이트먼트

④ 사실정보의 수집: 6W2H_IS NOT

⑤ 진짜 원인 파악: ABC 분석

⑥ 해결방법 선택

⑦ 해결 후의 애프터 팔로우

가. 문제 분석: SWOT 분석

상황을 파악하고 문제를 발견하기 위해 유용하게 사용되는 문제분석기법으로 문제를 발견하는 능력을 기르는 데 도움이 된다. SWOT 분석은 외부환경 분석에서 파악된 기회·위협요인과 내부역량 분석에서 파악된 강점·약점요인을 연결하여 각 상황에서의 전략적 과제를 도출하고 대응전략을 파악하는 분석방법이다. 문제해결을 위해서는 가능한 한 많은 문제요소를 파악해야 한다. 모든 문제요소를 다 파악할 수는 없지만 최대한 감춰진 것을 줄이는 것이 중요하다. 때로는 문제를 제대로 이해하기 위해 관점을 바꾸어볼 필요가 있다. SWOT 분석은 이런 특징을 가지고 있기 때문에 마케팅이나 전략 분야의 상황 분석에 많이 사용된다. 이제 구체적으로 SWOT 분석을 활용하는 방법에 대해서 살펴보도록 하자. SWOT 분석표는 다음의 그림과 같다.

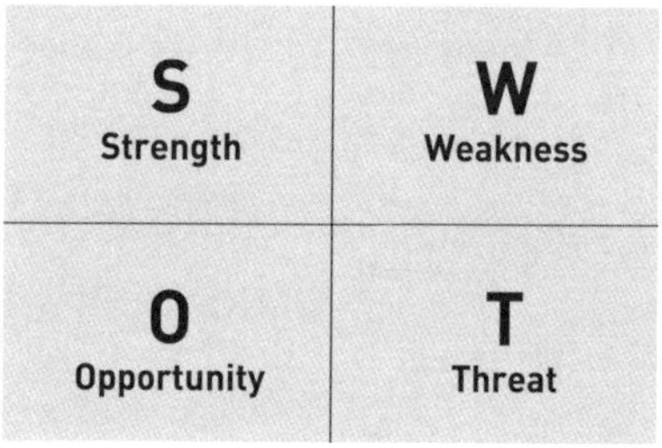

그림 3. SWOT 분석표

SWOT 분석은 개인이나 조직의 내부 및 외부환경을 강점(Strength), 약점(Weakness), 기회(Opportunity), 위협(Threat)의 4가지 영역으로 집약해서 분석하는 것이다. SWOT의 각 요소에 해당되는 것을 생각하고 해당 칸에 그 내용을 기입한다. 이때 기입한 사항이 정말 SWOT의 각 요소에 부합하는지를 확인하는 과정이 필요하며, SWOT의 내용을 각각 대비시켜 생각하면서 현재의 문제와 미래에 발생할 수 있는 문제를 파악해 나간다.

SWOT 분석의 각 영역에 해당되는 요소는 다음과 같다.

1) 강점(Strength): 유리한 시장점유율, 독점적 기술력 확보, 높은 생산성, 탁월한 능력, 적절한 재원의 지원, 높은 기술 수준, 구매자들의 호감, 가격경쟁력, 혁신적 능력, 우수한 경영능력
2) 약점(Weakness): 명확하지 않은 전략 방향, 협소한 제품군, 낮은 기술력, 브랜드 이미지 악화, 낮은 수익성, 열악한 재무 상황
3) 기회(Opportunity): 시장여건 개선, 새로운 시장 창출, 외국 여행객이나 다른 연령층으로의 확대 등 새로운 고객군 확보, 경쟁기업의 쇠퇴, 새로운 기술 개발, 유리한 정책, 법규, 제도, 보완제품의 추가
4) 위협(Threat): 새로운 경쟁기업 출현, 새로운 규제 등장, 시장 상황 악화, 재무 상황 악화, 구매층의 이탈, 대체제품의 매출 증가, 구매자의 가격흥정력 증가

이런 과정을 통해서 도출되는 문제는 중요성, 난이도, 긴급성, 확장성에 따라서 대응할 우선순위를 정하게 된다. 그러나 이것도 쉬운 과정은 아니다. 문제를 처리할 때는 그 문제가 얼마나 중요한지에 따라 나눌 수 있지만 문제의 난이도가 너무 높을 때는 아무리 중요한 문제라고 해도 중요성이 떨어지는 다른 간단한 문제를 해결한 이후로 순서를 미루어야 할 경우도 있다. 너무 어려운 문제에 매달리다가 자칫 간단히 해결할 수 있는 문제까지 손대지 못한 채 실패를 초래할 수도 있기 때문이다. 간단한 문제를 해결하는 것이, 어렵고 큰 문제를 해결하는 데 도움이 되는 경우를 많이 볼 수 있다.

또한 어떤 경우에는 즉시 대처하지 않으면 걷잡을 수 없는 상황으로 돌변하는 문제에 직면할 수도 있다. 이렇게 긴급한 경우라면 다른 어떤 문제보다 먼저 해결해야 한다. 또 현재는 소소한 문제지만 그대로 방치할 경우 멀지 않은 미래에 매우 심각하고 큰 문제로 확대될 수 있는 문제들도 높은 우선순위에 배치되어야 한다.

SWOT 분석은 내부역량과 외부환경에 대한 분석으로 나눌 수 있는데, 외부환경은 경영전략 및 평가체계 수립을 위해 외부환경 변화를 파악하고 분석하여 이에 대한 기회 및 위협요인을 도출한다. 즉, 기회(opportunity)와 위협(threat)이 외부환경요인에 속한다. 내부역량은 기존의 경영이념 및 사업영역을 바탕으로 핵심역량, 프로세스, 재무능력, 그리고 이해관계자에 대한 평가 및 분석을 통해 강점 및 약점요인을 도출하는 것이다.

표 2. SWOT 분석을 통한 과제 도출

내부환경 외부환경	Strength	Weakness
Opportunity	SO 전략(적극공략) 강점 활용에 의한 기회대응	WO 전략(약점보완) 기회에 대응하기 위한 약점보완 전략
Threat	ST 전략(기회탐색) 강점 활용에 의한 위험극소화	WT 전략(생존 전략) 우회, 회피, 철수를 통해 위험회피

사례 1) 미국의 유명한 아이스크림 회사인 B&J's의 SWOT 분석

● Strength(강점)

– 미국 소비자들에게 품격 있는 그리고 잘 알려진 브랜드 이름임.

– 유니레버 사의 다른 아이스크림 브랜드와 잘 보완됨.

– 사회적(공익적) 미션, 가치, 활동으로 잘 알려짐.

● Weakness(약점)

– 사회적 책임 활동이 아이스크림 제품을 향한 집중된 이미지를 저하시킬 수 있음.

– 성장을 도와줄 수 있는 경험 많은 매니저가 필요함.

– 최근 영업성장과 수익이 높지 않음.

● Opportunity(기회)

– 해외에서 고품질 아이스크림에 대한 수요가 증가함.

– 콘이나 바 형태의 100칼로리짜리 신제품에 대한 수요가 증가함.

– 많은 미국기업들이 제품과 브랜드 확장을 성공적으로 하고 있음.

● Threat(위협)

  - B&J 고객들은 영양성분표를 읽고, 설탕이 든 고지방 디저트에 대
    해 우려함.
  - 제너럴 밀즈와 네슬레 등 센 브랜드와 경쟁함.
  - 세계 시장에서 경쟁이 더 치열해짐.

사례 2) BMW 화재 사건에 대한 SWOT 분석

BMW의 판매 담당자인 당신에게 올해 판매된 신차모델에 대한 클레임이 접수되었다. 올해 신차모델은 주행 중 엔진룸에서 화재가 발생하는 문제를 일으키는 사례가 여러 건 접수되었다. 이번에도 고객의 차가 주행 중 엔진룸에서 연기가 나 사고로 이어질 뻔한 아찔한 상황이 발생했다. 당신은 즉시 고객이 있는 곳으로 출발했고 조사 결과 신차에 일부 하자가 있음을 발견했는데, 이 차량의 경우 기존에 화재가 발생했던 차량들과는 다른 원인으로 엔진룸에서 연기가 발생한 것이었다. 그러나 고객은 다른 차량의 화재 사례를 들며 당장 차량을 교환해주거나 환불을 요구하는 상황이다. 오랫동안 거래해온 단골 고객이 흥분한 상태라 고객에게 자세한 설명을 하여 설득하기는 어려울 것으로 판단된다. 당신은 곤란한 문제에 직면하게 된 것이 분명하다. 더구나 최근 몇 년간 외국산 차량의 판매량은 꾸준히 증가하는 추세이고, 경쟁사에서는 올해 야심적으로 새로운 모델을 출시했다.

SWOT 분석을 적용해 현재의 문제를 해결하기 위한 전략을 수립해보자. 이런 경우는 클레임 문제를 신속하게 해결하기만 하면 고객의 신

뢰를 더 높일 수 있는 기회가 될 수도 있다. 이 담당자는 서비스센터에 이야기해서 신속하게 결함을 해결하여 고객의 흥분을 가라앉히고 정중한 태도로 이번 경우는 다른 화재 차량과는 다르다는 것을 설명하여 고객을 단골로 만들었다.

표 3. SWOT 분석 사례

S (①)	W (②)
고객과의 강한 신뢰	종종 발생하는 차량의 결함
O (③)	T (④)
수입차량의 판매량이 꾸준히 증가하는 추세	경쟁회사의 새 모델이 대거 출시될 예정

● **예상되는 문제점**

①+②: 구축된 고객의 신뢰 상실

②+③: 새로운 잠재고객에게 나쁜 이미지를 주어 고객을 잃을 가능성

③+④: 경쟁회사의 점유율 상승

연습 1) B&J's의 SWOT 분석 사례를 바탕으로 전략과제를 도출해보자.

연습 2) 봄 체육대회에서 우리 과의 성적을 높이기 위한 전략을 수립하고자 한다. SWOT 분석을 이용하여 목표달성을 위해 해결해야 할 문제들을 도출해보자.

나. 목적 설정

문제의 해결을 위해서는 목적(Goal)을 명확히 해야 한다. 분명하고 적절한 목적 설정은 문제해결을 위한 최적의 조건이다. 이때 이상적인 모델을 그려보는 것이 도움이 된다. 이상적인 모델을 그려보라는 것은 최고의 사례를 참고하라는 것이며, 이를 통해 현상을 재확인하는 과정이 되어야 한다. 이상적인 모델을 기준으로 현재 무엇이 부족한지, 무엇이 더 가능할 수 있는지, 준비되지 않은 부분은 무엇인지를 파악할 수 있는 기회가 되어야 한다는 의미이다. 또한 목적이 달라지면 대응 역시 바뀌는데, 발생한 문제를 어떤 방향으로 해결하려고 하는지에 따라 대응하는 행동 역시 달라져야 한다.

예를 들어 영업사원이 고객을 화나게 해서 상품구입이 취소된 상황을 생각해보자. 이 경우 문제는 고객을 잃게 된다는 것이고, 매출이 악화되는 증상이 표면적으로 나타날 것이다. 이 문제를 해결하기 위한 목적이 무엇인가에 따라 기업이 대응하는 행동이 달라진다. 먼저 고객과의 관계를 회복해서 고객의 이탈을 막는 것이 목적이라면 회사는 고객에게 정중하게 사과문을 발송하는 대처를 할 수 있다. 더 깊이 생각한다면 이번 기회에 고객만족 시스템의 전반적 개선을 목적으로 삼고 고객을 응대하는 사원교육을 철저하게 하는 방향으로 행동이 이루어질 수 있다. 이와 달리 매출 악화를 방지하는 것이 목적이라면 새로운 고객을 발굴하려는 노력이라는 행동이 일어나게 될 것이다.

이렇게 목적은 설정방향뿐만 아니라 해결하려는 수준에 따라서도 3가지로 구분할 수 있다.

 4차산업혁명, 문제해결력이 정답이다

① 목표와 현상 간의 차이가 벌어진 원 상태로 상황을 되돌린다.

② 실행한 해결책이 상황을 더 악화시키는 경우

③ 차이를 원상태로 되돌릴 뿐만 아니라 더 높은 수준을 지향한다.

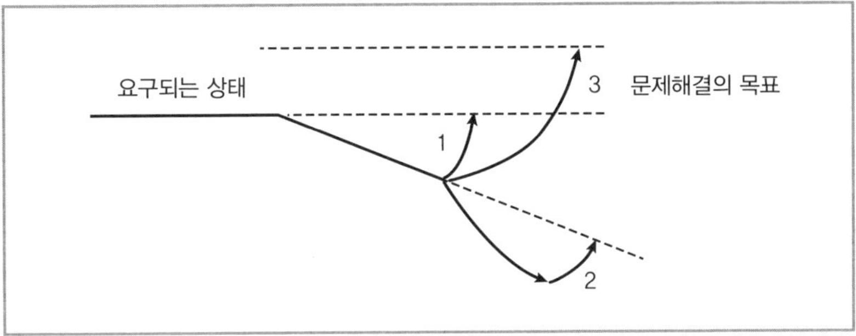

그림 4. 목적의 3가지 패턴

구체적인 예를 들어 보자. 사무처리에서 오류가 빈번하게 발생하는 문제가 있을 경우 그 원인이 수작업에 의한 개인의 실수 때문이라면 목적이 지향하는 수준에 따라서 해결책이 달라진다. 먼저 담당자를 교체하는 것은 원상태로 되돌리는 ① 해결책이지만 OA 시스템을 도입하면 수작업으로 인한 오류를 해결해 목표와의 차이를 해소함과 동시에 작업의 능률을 높일 수 있게 되므로 더 높은 수준을 달성하게 되는 ③ 해결책이 되는 것이다. 이런 목적의 수준 설정은 대부분 문제에 대한 인식과 의지에 달려 있다.

다. 문제해결 행동일람표 작성

문제의 효율적인 해결을 위해서는 문제를 파악하고 전략과제를 도출하는 것이 선행되어야 한다. 그 후에는 문제해결을 위한 행동이 체계적으로 이루어지도록 관리하는 것이 중요하다. 문제에 대해 어떻게 대처할 것인가에 대한 전체적인 구상과 목표에 이르기까지의 각 과정에 대한 체크리스트(check list)를 정리해서 자신이 취할 행동 계획을 수립하고 문제해결 과정에서 누락되는 요소들이 없도록 하는 역할을 하는 것이 '문제해결 행동일람표'이다.

문제해결 행동일람표의 작성은 앞으로 취할 행동(Action)에 대해서 주위 사람들의 이해를 얻고 불안을 제거함과 동시에 협력을 얻기 쉽도록 만드는 장점이 있다. 이런 식으로 불확실성을 제거하면 조직이나 스스로의 불안감을 해소할 수 있고, 예측가능성이 높아져 어떤 일이 벌어지는 상황에서 자신들이 무엇을 해야 할지 예측할 수 있게 된다.

● 문제해결 행동일람표의 구성

문제해결 행동일람표는 행동의 형태에 따라서 몇 가지 유형으로 구분한다.

① 긴급한 행동: 문제가 발생했을 때 즉시 취할 행동이다. 사안이 발생했을 때 신속하게 보고하거나 고객의 불만에 즉각 응답하는 등의 행동이 이에 속한다.

② 잠정적 행동: 문제가 발생한 경우 그 원인을 즉각적으로 파악하는 것이 어려울 수 있다. 이럴 때는 원인 파악을 위해 노력함과 동시에 문제의 확산을 막기 위해 우선적으로 해야 할 일반적인 조치적 행동이 이루어져야 한다. 산사태 발생 시 이차적인 피해를 막

기 위해 통행을 차단하는 행동 등 직접적으로 효과가 있는 긴급 피난적 대책이 이에 속한다.

③ 조사·분석 행동: 대부분의 문제는 발생한 시점에서 바로 원인을 파악하기 어렵다. 그러나 빠른 시간 내에 문제를 유발한 원인을 찾는 것은 문제해결에 결정적이다. 문제의 원인을 명확하게 규명할 수 있는 조사방법을 찾는 행동을 조사·분석 행동으로 정의한다.

④ 항구적 행동: 잠정적 행동이 취해지면 대부분의 문제는 안정화 단계로 들어가게 된다. 잠정적 행동의 단점은 이렇게 안정화된 것을 문제의 해결로 인식하고 지속시킬 수 있다는 것이다. 따라서 신속하게 원인을 찾고 원인이 판명되면 그 시점에서 잠정적 행동은 항구적 행동으로 전환되어야 한다. 문제를 원천적으로 해결하는 원인 대처적 행동이 항구적 행동이다.

● 문제해결 행동일람표의 작성

문제해결을 위한 행동일람표는 직면한 문제를 해결해 나가는 과정에서 취해야 할 행동을 열거해서 체계적으로 대응하기 위한 목적으로 작성하는 것이다. 따라서 행동일람표는 주어진 문제에 대해서 어떤 '긴급한 행동', '잠재적 행동', '조사·분석 행동', '항구적 행동'들을 취해야 할지를 파악하고 이를 열거하는 것을 의미한다. 이런 행동들은 여러 가지 고려해야 할 요소들이 있고 목적의 방향과 수준에 따라 다른 형태의 대처가 요구되므로 다양한 관점과 발상이 필요하다.

이렇게 열거된 행동이 효과적인 문제해결을 위한 행동이 되려면 필수적으로 몇 가지 조건을 갖추어야 한다. 열거된 행동은 먼저 구체적이어야 한다. 무엇을 어떻게 할 것인지가 명확히 기술되어야 하며, 그 내용은 누구나 알 수 있는 것이어야 한다. 또 상호간의 관계가 잘 연계되어 있어야 하며, 더 효율적인 문제해결에 필요하지만 지금 단계에서 시도할 수 없는 행동까지 포함되어야 한다. 행동일람표로 다른 사람들의 이해를 얻을 수 있는지가 검토되어야 하며, 언제라도 행동에 옮길 수 있도록 구체적으로 서술되어야 한다.

예를 들어 '사내 관련부서에 연락한다'와 같은 불명확한 표현이 아니라 'OO 부서 전원, OO 대리, △△ 담당자에게 연락한다'와 같은 형식으로 구체적인 대상을 표시한다. 행동의 대상뿐만 아니라 행위의 구체화도 요구된다. 즉, 'A 부품의 불량원인 조사'는 'OO 연구소 △△ 팀장이 프로젝트 책임자가 되어 불량원인을 분석한다'로 기술해야 실행 과정에서 혼선이나 누락을 막을 수 있다.

예 이번 학기 수강 신청이 잘못된 것을 발견했다. 이 문제를 해결하기 위한 문제해결 행동일람표를 작성해보자.
① 먼저 담당교수에게 수강 신청이 잘못됐음을 알리고 출석을 확인한다.
② 교무처의 학적 담당자에게 수강 변경이 가능한지 문의한다.

라. 문제 확정: 문제 스테이트먼트(problem statement)

문제 스테이트먼트는 문제가 무엇인지를 알고 문제를 확정하는 것을 의미한다. 문제가 무엇인지 알게 되면 절반 이상 해결된 것으로 볼 수 있을 정도다. 문제가 무엇인지 파악했다는 것은 문제해결을 위한 준비를 마친 단계가 아니라 이미 문제해결 프로세스에 진입했음을 의미하기 때문이다. 문제해결 스테이트먼트는 문제해결을 위한 관련자들에게 공통된 언어를 만드는 작업이다.

예를 들어 '경영악화'라는 말을 같이 사용하는 사람들 간에도 그 의미에 대한 이해는 서로 다를 수 있다. 재무구조의 악화로 이해하는 사람이 있는 반면 영업실적의 감소로 이해하거나 생산성의 문제로 이해할 수도 있다. 재무구조의 악화로 이해하면 비용이나 부채를 줄이기 위한 행동이 문제해결 방법으로 선택될 것이다. 그러나 영업실적의 감소나 생산성의 문제로 해석되면 영업사원이나 대리점의 영업방식을 개선하고 생산라인의 효율성을 재검토하는 인적 역량의 향상을 위한 행동이 검토될 것이다. 이렇게 같은 언어를 사용한다고 해서 그 의미의 통일이 이루어진 것으로 착각하면 문제해결에 어려움을 겪게 된다. 따라서 문제를 공통적으로 인식할 수 있도록 언어를 정의하는 것은 문제해결을 위해 선행되어야 할 필수적인 조건이며, 문제해결 스테이트먼트의 목적이라고 할 수 있다.

문제해결 스테이트먼트의 목적이 공통인식을 추구하는 것이어야 하는 이유는 올바른 문제해결을 위해서는 문제를 해결하기 위한 개인적, 조직적 노력이 중도에 멈추거나 왜곡되지 않도록 하는 가이드가 필요하기 때문이다. 문제해결에 실패하는 사례를 살펴보면 대부분 다양한 시도를 하다가 중도에 난관에 부딪치거나 그 시도가 효과를 얻지 못하면 문제로부터 도망치려는 경향을 보이곤 한다. 이런 경향은 문제가 완전히 해결되지 않았음에도 불구하고 문제가 해결된 것으로 결론짓거나 손쉽게 도달할 수 있는 다른 사항으로 문제해결의 목표를 바꾼다. 문제해결 스테이트먼트는 이런 식으로 문제로부터 도피할 수 있는 퇴로를 차단하기 위해서 문제에 대한 정의가 관련자들에게 다르게 해석될 여지를 제한하는 것이 목적이다.

🅰 어떤 커피전문점에서 고객의 수가 점차 줄었다. 이 문제를 해결하기 위해 커피 원두의 종류를 바꾸고 다양한 메뉴를 개발하려는 노력을 기울였음에도 불구하고 고객의 수는 좀처럼 늘지 않았다. 어느 날 사장이 길을 가다가 주변의 다른 커피전문점에는 손님이 북적이는 것을 보았다. 메뉴에도 별 차이가 없고 커피 맛도 자신의 매장보다 나을 것이 없어 보이는 것이 이상해서 자세히 살펴보니 가게에서 일하는 점원들이 자신의 매장보다 훨씬 세련되어 보인다는 것을 알게 되었다. 사장은 당장 아르바이트 점원들을 새롭게 교체하고, 그동안 시도했던 메뉴의 다각화나 커피 원두의 질을 높이려는 시도는 중단하게 되었다.

이런 이유로 문제해결 스테이트먼트는 명확한 견해나 의미를 표현하고 선언하는 단어를 사용해야 한다. 이렇게 분명하고 확정적인 의지가 담긴 문장으로 문제를 표현할 때 정확하게 문제가 확정되고 이것이 공통의 인식으로 공유된다. 문제를 명확하게 정의하는 방법은 문제의 대상을 명확하게 제시하고 어떠한 것이 문제인지를 기록하는 것이다. 즉, 무엇에 어떠한 문제가 발생했는지를 구체적으로 기술해야 한다.

올바른 문제해결 스테이트먼트 연습

다음의 사례에서 문제해결 스테이트먼트를 올바르게 수정해보자.

예 ○○ 영업소에서 상품 B의 목표판매수량을 달성하지 못했다.

① 제품 A의 불량문제를 해결한다.
　⇨ 어떤 불량문제인지 명확하지 않음.

② 신제품의 납품지연 다발 문제를 해결한다.
　⇨ 어떤 신제품인지 명확하지 않음.

③ 홈페이지의 고객문의란에 대한 답변이 지체되는 문제를 해결한다.
　⇨ 1) 답변하는 주체가 누구인지,
　　 2) 지체라고 했는데 어느 정도 늦어지는 것이 지체인지가 명확하지 않음.

문제해결 스테이트먼트에서 또 한 가지 반드시 지켜야 할 원칙은 문제의 서술은 변동되지 않는 고정된 단어로 구체적이고 명확하게 기술해야 한다는 것이다.

잘못된 사례 1) ○○ 제품에 발생하고 있는 문제를 해결한다.

이 문장은 구체적이지도 고정적이지도 않은 단어로 이루어져 있다. 이런 경우 언제 발생한 문제인지 어떤 종류의 문제인지 공통적으로 인식할 수 없다는 오류를 범한다. 과거에 발생했지만 현재는 해결된 문제를 의미할 수도 있고, 제품에 발생한 문제의 종류가 여러 가지일 경우에는 서로 인식하는 문제가 다를 수도 있다.

잘못된 사례 2) ○○ 영업소의 신장률이 △△ 영업소를 밑돌고 있는 문제를 해결한다.

각 영업소의 신장률은 가변적인 것이다. 따라서 맹목적인 경쟁을 유발할 가능성이 있으며 부정적으로 작용할 경우 서로 상대 영업소를 비방하거나 영업방해로 이어질 수도 있다. 이 경우 올바른 문제해결 스테이트먼트는 '○○ 영업소의 신장이 전년도를 밑돌고 있는 문제를 해결한다.'이다.

향상문제에 대한 문제해결 스테이트먼트는 '문제의 대상'과 '요구되는 상태'를 기술하되 최대한 범위를 좁힌 용어를 사용해야 한다. 따라서 '○○ 제품이 시장에서 큰 반응을 얻는다'가 아니라 '○○ 제품의 시장점유율 확대를 달성한다'라고 표현해야 한다. 여기서 좀 더 개선하자면 '확대'라는 말 대신 구체적인 수치로 나타내는 것이 더 좋다.

또 하나 명심해야 할 것은 하나하나의 문제를 착실히 해결해 나가는 것이 큰 문제 전체를 해결하는 길이라는 점이다. 문제를 너무 크게 정의하기보다는 작은 문제를 해결해 나감으로써 큰 문제가 해결되도록 할 필요가 있다.

연습) 이번 학기에 자신이 당면하고 있는 문제를 해결하기 위한 문제해결 스테이트먼트를 작성해보자.

예를 들어 나의 수입으로 보아 휴대폰 요금을 5만 원 이하로 줄여야 한다면 "휴대폰 요금이 5만 원을 넘는 문제를 해결한다."와 같이 작성할 수 있을 것이다.

마. 사실정보의 수집

문제해결 스테이트먼트는 목적으로 요구되는 상태를 명확하게 표현해야 한다. 이런 목적으로 요구되는 상태는 문제설정이 제대로 될 때 명확하게 설정할 수 있다. 올바른 문제의 설정은 현재의 상황, 즉 현실의 상태를 제대로 파악했을 때만 가능하기 때문이다.

따라서 문제의 확정이 올바르게 되었는지, 이를 바탕으로 목적으로 하는 상태가 명확하게 설정되었는지를 확인하기 위해서는 현실의 상태를 파악하기 위한 사실과 정보의 수집이 필요하다. 사실과 정보의 수집은 문제의 진짜 원인을 파악하기 위한 중요한 단계이다. 그러나 정보의 수집에만 몰두하면 정작 중요한 정보를 놓치기 쉽다는 사실 역시 염두에 두어야 한다. 어떤 영역의 정보가 중요하다고 생각하면 그 사실에만 집중함으로써 다른 측면을 보아야 한다는 사실을 망각하기 쉽기 때문이다. 정보수집의 중요성과 이 과정에서 고려해야 할 조건들 때문에 과학적인 사실 및 정보수집 툴의 필요성이 대두되었고, 그렇게 개발된 것이 '6W2H, IS NOT' 등이다.

● 6W2H 기법

6W2H는 6개의 W로 시작되는 항목과 2개의 H로 시작되는 항목으로 구성된다. 우리가 익히 알고 있는 육하원칙과 유사하다. 여기서 6W는 What, Where, When, Which, Why, Who로 구성되며, 2H는 How, How much(many)이다. 6W2H는 4W1H(What, Where, When, Which, How much(many))를 먼저 확인한 후 2W1H(Why, Who, How)를 확인하는 순서로 진행한다.

이런 툴을 적용할 때는 사실, 정보, 그리고 데이터의 차이가 무엇인지를 명확히 이해해야 한다. 사실이란 무엇이고, 정보와는 어떻게 다른지, 또 데이터란 무엇인지를 구분할 수 있어야 정확한 현상을 파악할 수 있기 때문이다.

'사실'은 실제로 일어난 사항만을 말하고 그 외의 것은 포함하지 않는다. '정보'는 그 외의 다양한 관련된 내용들을 포함하는 것을 말하며, 이 정보가 의미를 가지도록 가공될 때 이것을 '데이터'라고 부른다. 따라서 데이터에는 새로운 의미가 부여되므로 사실과는 구별하여 취급해야 한다. 정보에는 사실 외에도 사실과 관련된다고 판단되는 여러 가지 내용이 포함되기 때문에 정보를 수집하는 자의 편견이 개입될 가능성을 배제할 수 없다.

그러나 이런 정보 역시 경우에 따라서는 매우 중요할 수 있다. 그러므로 '확인이 필요한 사실'인 억측이나 사소한 의견이라도 정보로 기록되어야 한다. 이때는 '~라는 보고가 있다', 또는 '~라는 의견이 있다'라고 기록한다. 이러한 정보들은 문제를 해결하기 위한 중요한 힌트나 실마리가 숨어 있거나 문제의 이면을 볼 수 있게 하는 역할을 한다.

6W2H 기법은 필요한 기본정보를 확실하게 수집할 수 있다는 장점이 있지만 원인 찾기에는 불충분할 수 있다. 이런 한계를 보완하기 위해 'IS NOT 발상법'을 사용하기도 한다.

● IS NOT 발상법

IS NOT 발상법은 'IS'와 'IS NOT'으로 사실을 구분한다. 여기서 'IS'는 이미 '발생한 사실'이고 'IS NOT'은 '발생해도 좋을 것 같은데 발생하지 않은 사실'이다.

IS NOT 발상법의 사례를 들어보자. 어떤 제품을 테스트한 결과 그중 제품 A가 제대로 성능을 내지 못했다. 같은 테스트를 하고 있는 다른 제품은 모두 잘 작동한다. 그래서 신속하게 제품 A를 분해해 조사했지만 원인을 찾을 수 없었다. 더 상세한 조사를 위해서 나사 하나하나까지 엄밀하게 분석해보았지만 결국 원인을 찾지 못했다. 문제의 원인을 분석하기 위해 재료 수준까지 조사해야 할 수도 있다.

이런 상황에서 IS NOT 발상법을 적용해볼 수 있을 것이다. 여기에는 2가지 사실이 있는데 문제를 일으킨 제품(IS)과 문제가 없는 제품(IS NOT)이다. 이 두 사실을 비교해서 문제를 찾을 수 있는데 문제를 일으킨 제품과 그렇지 않은 제품을 동시에 분해해서 비교하는 것이 문제를 일으킨 제품에만 집중하는 것보다 더 효과적이다.

● **IS NOT 발상법의 적용방법**

① 'IS'를 확정한다.

② 'IS'에 가까운 'IS NOT'을 찾아낸다.

③ 다양한 각도에서 두 사실을 비교한다.

예 김밥 프랜차이즈인 '김밥왕국'의 시장점유율이 급격하게 떨어지고 있다. 전체 김밥시장이 하락한 것이 아니라 경쟁 김밥 프랜차이즈인 '김교수'는 매출이 급격하게 상승하고 가맹점도 많이 늘었다. 고급아파트가 많은 지역인 A 지점의 매출은 심각하게 떨어진 상황이고, 대학교 앞의 B 지점은 현상을 유지하고 있고, 직장인이 많은 C 지점은 약간 매출이 높아졌다.

'김밥왕국'의 현 상황을 파악하기 위해서 'IS NOT 발상법'을 적용하면 다음과 같다.

① 'IS'는 A 지점

② 'IS NOT'은 B 지점

③ 두 가맹점을 비교하면 A 지점의 매출하락 원인을 찾기 쉬울 것이다. 그러나 '김교수'나 C 지점을 비교 대상으로 삼는 것은 별 도움이 되지 않는다.

2.4
문제해결에 필요한 기본적 사고는 따로 있다

문제해결을 위해서는 4가지 기본적 사고가 필요한데, 전략적 사고, 분석적 사고, 발상의 전환, 내·외부자원의 활용이 그것이다.

1) 전략적 사고

문제를 해결할 때 빠지기 쉬운 함정은 눈앞의 현상이나 증상에만 집중하다가 정작 중요한 원인을 해결하지 못하고 문제가 심각해지는 경우가 발생한다는 것이다. 그러므로 현재 당면하고 있는 문제와 그 해결방법에만 집착하지 말고, 문제의 근본적인 원인이나 문제의 본질을 파악하기 위해 전체 시스템이나 다른 문제와 어떻게 연결되는지를 생각하는 것, 즉 전략적 사고가 필요하다.

2) 분석적 사고

분석적 사고는 주어진 문제를 보다 단순한 부분들로 구분하고, 이를 통해 주어진 문제의 원인을 확인하고 해답을 찾아가는 과정을 의미한다. 분석적 사고는 일반적으로 다음과 같은 과정으로 이루어져 있다.

① 문제를 부분들로 나누는 방법을 확인하고 그에 기초하여 구분한다.
② 각 부분들을 명료하게 정의한다.
③ 각 부분과 관련된 정보를 확인하고 조직한다.
④ 분석에 근거해서 결론을 내린다. 비교, 대조, 범주화, 추론 등의 사고는 이러한 분석적 사고작용을 통해 일어난다.

3) 발상의 전환

기존의 경험이나 자원만으로 세상을 바라보는 인식의 틀에서 벗어나 다른 방식으로 문제를 바라보는 사고가 문제를 해결할 뿐만 아니라 더 나은 방향으로 상황을 개선시킬 수 있다.

⑩ 2011년 3월, 후쿠시마 사고가 발생하자 독일에서는 핵발전소 반대 운동이 다시 전국을 휩쓸었다. 이것이 선거에도 영향을 미치자 앙겔라 메르켈 연방총리는 위기의식을 느꼈고, 국민여론을 수렴한다는 명목으로 '안전한 에너지 공급을 위한 윤리위원회'를 만들고, 향후 독일의 에너지 정책에 대한 보고서를 제출하도록 했다.
이 보고서는 문제해결 방식에서 중요한 시사점을 던져주고 있는데,

무엇보다도 발상의 전환에 주목할 필요가 있다. 이 보고서에서는 핵발전소의 안전 여부를 다루고 있는데, 전문가들은 확률적 위험 평가(PRA)라는 과학적 방법을 동원하여 핵발전소의 안전은 충분히 보장될 수 있다고 주장했다. 그러나 인류는 이미 세 번에 걸쳐서 엄청난 핵발전소 재앙을 경험한 바가 있다는 사실에 주목하고 논리적으로 핵발전소는 매우 안전하지만 사고를 완전히 예방할 수는 없다는 결론에 도달한다. 이런 결론을 바탕으로 위원회는 대안이 존재하는지, 그리고 그 대안은 현실성이 있는지 판단하는 데 주력했다. 즉, 핵발전소를 대체할 수 있는 대체 에너지 기술이 존재하는지, 그 기술은 극복 가능한 제한을 가진 것으로 판단할 수 있는지에 초점을 맞추고 실현 가능성이 있는지 검토하는 것을 위원회의 주된 역할로 설정한 것이다. 그래서 보고서의 상당 부분은 대체 에너지의 현실화 가능성과 그런 가능성을 현실화할 수 있는 '집합 프로젝트(collective project)'로 채워졌다.

이 사례는 문제해결을 위해 발상의 전환의 중요성을 잘 보여주고 있다. 일반적으로 우리는 전문가의 판단을 맹목적으로 신뢰하는 경향이 있다. 방송에서 어떤 음식이 몸에 좋다고 하면 마트에서 그 상품이 동나는 현상을 보면 잘 알 수 있다. 그러나 전문가는 절대적 합리성(과학적 합리성)에 근거하여 위험을 평가하도록 훈련되어 있고, 특정분야에 대해서만 전문성을 가지고 있다는 점을 잊어서는 안 된다. 전문가들은 자신의 전문분야를 지나치게 과장하는 경향이 있고 그런 전문성을 과신하다 보니 세부적인 데는 강하지만 맥락을 파악하고 종합적으로 판단하는 데는 약할 수 있다. 전문가에 대한 맹신은 그릇된 판단으로 이어질 가능성이 높고 결과적으로 문제해결에 실패하는 원인이 된다. 반면 사회적 합리성은 잘 활용할 경우 이런 부작용을 완화해주고, 나아가 새로운 문제해결 방식을 제공해줄 수 있는 중요한 기능을 담당할 수 있다.

핵발전소와 핵무기처럼 그 위험이 너무 크지만 대가는 적은 기술 시스템의 경우에는 폐쇄가 유일한 해결책이다. 반면에 해상 운송, DNA 재조합처럼 위험이 크기는 하지만 대가도 적지 않은 경우에는 더 엄격한 규제를 통해 최대한 안전을 확보하는 방법으로 수용해야 한다. 비행, 화학공장, 댐, 채굴, 우주탐사 등은 보완을 통해 안전을 확보할 수 있다고 본다.

4) 내·외부자원을 효과적으로 활용

오늘날의 문제는 사회의 복잡성으로 인해 단순한 원인이 아니라 복잡한 원인과 문제들이 서로 관련된 결과로 나타난다. 이 말은 단순한 해법이나 내부적인 자원만으로는 해결되지 않는 경우가 허다하다는 의미이다. 따라서 문제를 해결할 때는 다양한 기술, 재료, 방법, 사람 등 필요한 자원 확보 계획을 수립하고 내·외부자원을 효과적으로 활용해야 한다.

2.5
왜 문제를 해결하지 못할까?

문제를 해결하는 데 장애가 되는 요소들은 조직이 직면한 상황과 맡고 있는 업무의 특성에 따라 굉장히 다양하게 나타날 수 있다. 이러한 장애요소들 중 가장 대표적인 경우는 다음과 같다.

1) 문제를 철저하게 분석하지 않는 경우

문제가 무엇인지 문제의 구도를 심도 있게 분석하지 않으면 문제해결이 어려워진다. 어떤 문제가 발생했을 때 직관에 의해 성급하게 판단하여 문제의 본질을 명확하게 분석하지 않은 상태에서 대책을 수립하여 실행함으로써 근본적인 문제를 해결하지 못하거나 새로운 문제를 야기하는 결과를 초래할 수 있다.

예 실제적인 사례로는 2차 나로호 발사 실패를 들 수 있다. 나로호 2차 발사는 2010년 6월 10일 발사 2분 만에 폭발하여 실패로 끝났다.

기술적 결함이 직접적인 원인이겠지만 교육과학기술부와 항공우주 연구원(이하 항우연)이 발사체 기립 지연 등 여러 문제점이 발생했음에도 불구하고 무리하게 발사를 밀어붙인 것이 중요한 원인으로 지적되었다. 항우연은 발사 3일 전 발사체 기립 과정에 불안정한 전기신호가 발견됐는데도 기립을 강행했다. 이미 반나절 이상 일정에 차질이 생겼지만, 다음날인 8일 발사 리허설을 그대로 진행했다. 9일에는 소화장치 오작동으로 소화용액이 분출돼 발사 운용이 중단됐음에도 명확한 원인을 밝히기보다 관련 부품들을 통째로 교체하고 10일 발사를 강행했다. 또 10일 오전에도 나로우주센터 상공에 구름이 많이 끼는 등 기상 상황이 최적 상태가 아님에도 공군 비행기까지 동원해 가며 발사를 추진했고 결국 발사는 실패로 끝나고 말았다.

2) 고정관념에 얽매이는 경우

증거와 논리를 바탕으로 정확한 상황이 무엇인지를 분석하기 전에 개인적인 편견이나 경험, 습관으로 정해진 규정과 틀에 얽매여 새로운 아이디어와 가능성을 무시해 버릴 수 있다.

예 2003년 2월 1일 오전 9시경(미국 동부 시각), 16일간의 임무를 마치고 지구로 귀환하던 미 우주왕복선 컬럼비아호가 텍사스 주 상공 60km 지점에서 공중 폭발했다. 이 사고로 탑승했던 승무원 7명 전원이 목숨을 잃었다. 컬럼비아호는 1981년에 취항한 최초의 우주왕복선으로 이번이 28번째 비행이었으며, 1986년 1월 발사 후 73초 만

에 공중 폭발한 챌린저호에 이어 두 번째 우주왕복선 관련 대형 참
사가 되었다.

이 사고에 주목해야 하는 이유는 기술적 문제와 '인재(人災)'의 가능
성뿐만 아니라 거대복합기술이 가진 결함의 문제가 강력하게 제기되었
기 때문이다. 사고 후 NASA가 발사 이전 10여 년 동안 예산 압박을 받
아왔으며, 이 때문에 '낡은' 우주왕복선을 계속 사용하는 한편 그 관리
와 운영의 많은 부분을 외주로 내주면서 안전관리가 소홀해진 것이 사
고를 초래했다는 주장이 나왔다. 특히 발사 직후의 단열재 조각 충돌
사실을 비디오 모니터링을 통해 알았으면서도 이를 대수롭지 않은 것으
로 판단했고, 참사 이틀 전에도 안전담당 엔지니어인 로버트 도허티가
재진입 시의 위험성을 경고했으나 NASA 관리자들이 별다른 반응을 보
이지 않았다는 사실 또한 널리 알려졌다.

그러나 정작 중요한 문제는 특정한 기술이나 특별한 사람의 실수가
아니라 지난 17년 동안 큰 사고 없이 우주왕복선이 운행되어 온 것이
함정이었을 수 있다는 점이다. NASA 내부에서 그것은 더 이상 실험적
이고 불확실한 그 무엇이 아니라 일상적이고 무덤덤한 기술로 자리 잡
게 된 것이 문제의 원인일 수 있다는 지적이다. NASA의 엔지니어와 관
리자들은 여러 번의 우주왕복선 발사 경험으로 약간의 기술적 결함이
우주왕복선의 발사 자체를 불가능하게 하는 것은 아니기 때문에, 그것
은 더 이상 이상현상이 아닌 '허용 수준 이내의 문제'나 '받아들일 수
있는 위험'으로 취급되었던 것이다.

고도로 실험적인 거대복합기술을 다루는 작업의 엔지니어와 과학자,

그리고 그 조직을 움직이는 관료들은 이런 문제들이 잘 보이지 않는다. 따라서 이러한 판단은 사고가 일어나지 않으면 정상적인 판단으로 여겨진다. 일단 사고가 일어난 후에야 무엇이 잘못인지 파악할 수 있게 되지만 정작 사건이 진행되는 중에는 문제로 인식하지 못한다. 복잡한 시스템일수록 이런 경향은 더 강해진다.

정상적 사고(normal accidents)

사회학자 찰스 페로우가 주장한 개념으로 거대복합기술체계의 경우 위험을 줄이기 위해 만들어진 바로 그 조직이 오히려 위험의 원천이 될 수 있다는 것이다. 페로우는 이 개념을 통해 사고는 '비정상' 상태에서나 발생하는 것으로 생각하는 것에 익숙한 우리들에게 '정상' 상태에서도 일어날 수 있음을 보여주었다. 또 우리의 의지와 준비, 노력으로는 어찌해볼 수 없는 대형사고가 항상 우리를 위험에 빠뜨릴 수 있다는 사실을 자각해야 한다는 이론이다.

3) 쉽게 떠오르는 단순한 정보에 의지하는 경우

문제해결에 있어 종종 우리는 알고 있는 단순한 정보들에 의존하는 경향이 있다. 단순한 정보에 의지하면 문제를 해결하지 못하거나 오류를 범하게 된다.

 4차산업혁명, 문제해결력이 정답이다

예 동대문쇼핑몰에 남성복전문점을 오픈한 K씨는 고등학교를 졸업하고 4~5년 동안 차근히 창업을 준비한 후 자본금 2억 원을 들고 시작했다. 창업을 하기 전에는 동대문상가에서 종업원으로 2년 동안 근무하며 여러 실무 경험을 쌓았다. 또 옷에 관심이 많았던 그였기에 트렌드를 정확하게 읽고 시즌에 맞는 옷을 내놓자 매장은 문전성시를 이뤘고 1년이라는 짧은 시간 내에 큰돈을 모을 수 있었다. 하지만 문제는 그 다음부터 일어난다. 돈이 쌓이자 또 다른 매장을 서둘러 알아봤고 이번 아이템은 여성복으로 정했다. 결과는 처참했다. 여성복전문점은 남성복과는 달리 손님들이 많지 않았다. 이를 유지하기 위해 남성복으로 벌어들인 자금을 모두 끌어다 쓰다가 결국 남성복전문점까지 문을 닫는 비참한 끝을 맛보아야 했다.

전문가들은 성공을 체험하면 자신을 과대평가해 무리하게 가게를 확장하는 경우가 많다며 10명 중 3명은 가게 문을 닫게 된다고 말한다. 자신을 과대평가하면 거만해지고 스스로를 과신해 시장과 환경지배에 판단착오가 생기며 시장의 변화를 부정하고 과거의 성공분야에만 집착하는 오류를 범할 수 있다고 경고했다. K씨의 경우에도 남성복이 성공하자 같은 의류 사업인 여성복까지 자연스레 이어질 거라는 오판이 화를 부른 것이다. 남성복은 K씨가 남성복에 관심이 많고 유행을 알고 있었기 때문에, 즉 시장분석이 철저하게 된 상태에서 가게를 오픈했기 때문에 성업할 수 있었지만 여성복전문점은 사전지식 없이 자금이 준비되었다는 이유 하나로 가게 문을 열었던 것이 실패의 원인이 되었다.

4) 너무 많은 자료를 수집하려고 노력하는 경우

자료를 수집하는 데 있어 구체적인 절차를 무시하고 많은 자료를 얻으려는 노력에만 온 정열을 쏟는 경우가 있다. 무계획적인 자료 수집은 무엇이 제대로 된 자료인지를 알지 못하는 우를 범할 수 있다.

생각해보기) 국내 굴지의 의류업체인 K 사는 최근 10대들 사이에 열풍이 불고 있는 아웃도어 경쟁에 뛰어들기 위해 아웃도어 부서를 신설하고 신제품 개발에 착수했다. 담당자인 S 과장은 청소년들의 마음을 사로잡기 위한 디자인을 만드는 것까지는 순조로웠지만 이를 효과적으로 홍보하기 위한 단계에서는 계속 문제에 봉착하게 되었다. 어느 날 개발 회의에서 다음과 같은 대화내용이 오갔다.

A: 제 주변 10대들은 그룹 소녀시대를 좋아하던데 소녀시대를 모델로 채용하면 어떨까요?

B: 아니에요. 제가 10대들에게 어필할 만한 광고 콘티를 10개 정도 만들어 왔어요. 이것을 검토하여 홍보 전략을 짜보는 건 어떨까요?

C: 제가 갑자기 생각난 건데 아웃도어하면 비싸단 인식이 강하잖아요? 기존에 아웃도어 시장 1위인 N 사의 제품보다 저렴하다고 홍보하면 어떨까요?

회의가 끝난 후 S 과장은 오늘도 특별한 소득이 없었다는 것을 깨닫게 되었고, 회의의 문제가 무엇인지를 고민하게 되었다.

　효과적인 문제해결을 방해하는 장애요인으로는 고정관념에 얽매이는 경우, 쉽게 떠오르는 단순한 정보에 의지하는 경우, 너무 많은 정보를 수집하려고 노력하는 경우가 있다. 위에 제시된 사례에 등장하는 A, B, C가 겪고 있는 장애요인은 어떠한 경우에 속하는지를 구분해보고, 그 이유를 제시해보자.

	장애요인	이유
A		
B		
C		

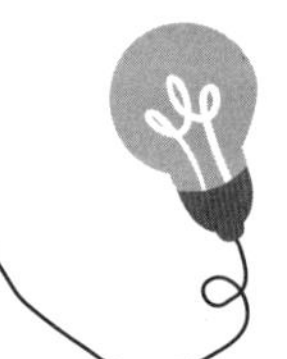

퍼실리테이션을 이용한 문제해결, 모든 문제가 풀린다

　　퍼실리테이션(facilitation)이란 '촉진'을 의미하며, 어떤 그룹이나 집단이 의사결정을 잘 하도록 도와주는 일을 의미한다. 최근 많은 조직에서는 보다 생산적인 결과를 만들 수 있도록 그룹이 어떤 방향으로 나아갈지를 알려주고, 주제에 대한 공감을 이룰 수 있도록 능숙하게 도와주는 퍼실리테이터를 활용하고 있다. 퍼실리테이션을 이용한 문제해결 방법은 깊이 있는 커뮤니케이션을 통해 서로의 문제점을 이해하고 공감함으로써 창조적인 문제해결을 도모한다. 소프트 어프로치나 하드 어프로치 방법은 단순한 타협점의 조정에 그치지만, 퍼실리테이션에 의한 방법은 초기에 생각하지 못했던 창조적인 해결방법이 도출된다. 동시에 구성원의 동기가 강화되고 팀워크도 한층 강화된다는 특징을 보인다. 이 방법은 구성원이 자율적으로 실행하는 것이어야 하며, 제삼자가 합의점이나 줄거리를 준비해 놓고 예정대로 결론이 도출되어 가는 것이어서는 안 된다.

생각해보기) 지금부터 제시하는 3명은 개혁을 방해하는 소위 비협조적인 사람들이다. 만약 당신이 이들의 의견을 조정하는 퍼실리테이터의 입장이라면 어떻게 대처할지를 적어보자.

A 과장: 책임감이 강한 것은 좋지만 다른 부서가 "우리에게 맡겨 주었으면 좋겠다."라고 하면 전혀 받아들이지 않는다. 또 자신이 담당하는 것 외의 이야기에는 전혀 관심이 없다.

B 과장: 무엇을 물어보아도 정중히 설명해주지만 자신의 의견이 명확하지 않다. 무엇을 결정하려 하면 세세한 정보의 부족을 지적하며 의사결정을 내리지 못하게 한다.

C 과장: 회사 내부 사정에 밝은 것은 반갑지만 "사장이 이렇다, ○○ 부서는 저렇다" 등 비관적인 입장만 잔뜩 늘어놓아 논의에 찬물을 끼얹는다.

1) 퍼실리테이션의 정의

퍼실리테이션에 대해 전문가들은 다양한 정의를 내리고 있다.

집단이나 조직이 협업과 시너지를 창출하여 보다 효과적으로 일할 수 있도록 하는 과정, 이를 위하여 공정하고, 개방적이고, 참여적인 과정으로 집단이 일을 해낼 수 있도록 한쪽 편에 서지 않고 중립을 지키는 것(Michael Doyle), 집단이 효과적으로 기능하여 양질의 의사결정을 해낼 수 있도록 구조와 절차를 형성하는 과정, 다른 사람들이 최상의 성과를 내도록 지원하는 것(Ingrid Bens), 최고의 사고와 실천을 할 수 있도록 돕는 것, 이를 위하여 개인이 최상의 사고를 할 수 있도록 도움으로써 완전한 수준의 참여를 끌어내고, 서로 이해하며, 공동의 책임감을 가지도록 발전시키는 것(Sam Kaner) 등이다.

서로 다른 용어로 설명하고 있지만 정리하면 퍼실리테이션은 집단이 집단의 공동 목적을 효과적이고 최상의 수준으로 달성할 수 있도록 공동의 참여가 가능한 의사결정 과정의 구조와 절차를 설계하고 지원하는 일련의 과정을 말한다.

의외로 퍼실리테이션은 모든 문제에 적용하기 어렵다. 리더가 이미 특정 방향으로 결심했거나 특정 상황이나 관련 정보가 사람들이 이해하기에 너무 복잡하거나 비밀이 유지되어야 할 때는 여러 사람의 의견을 듣는 퍼실리테이션을 적용하는 것이 적절하지 않다. 또 긴급한 사안의 경우에도 빠른 시간 내에 결정을 내려야 하므로 충분한 논의가 필요한 퍼실리테이션의 특성과 맞지 않는다. 퍼실리테이션은 다루어야 할 이슈가 매우 중요하고 장기적인 과제일 때, 문제의 해결책을 쉽게 찾을 수 없을 때, 조직 전체의 변화를 요구하는 문제일 때 등에 적용하는 것이 바람직하다.

퍼실리테이션은 대상이 집단일 때 적절한 의사결정 방법이다. 집단의 목적을 추구하는 것이므로 개인에 대한 카운슬링과는 다른 형태로 진행된다. 즉, 개개인의 역량을 높이는 목적보다는 집단의 비전을 만들거나 집단의 행동에 대한 절차를 설계하는 것에 적합하다.

퍼실리테이션이 필요한 이유는 어떤 조직에서든 여러 사람의 의견을 모두 반영하는 것은 어렵고 번거롭기 때문이다. 그래서 많은 조직에서는 정보를 공유하고 의견을 수렴하는 일을 간과하거나 고의적으로 무시한다. 소수에 의한 의사결정이 일사분란하고 빠른 일 처리가 가능하기 때문이다. 그러나 다수가 의사결정에 참여할 때 얻을 수 있는 다양한 관점을 통해 오류를 줄일 수 있고, 공동의 결정을 통해 적극적인 참여를 이끌어낼 수 있다는 장점들 때문에 조직의 효과적인 목적 달성을 위해 퍼실리테이션을 도입할 필요가 있다.

퍼실리테이션은 집단이 좋은 결과를 만들어내는 과정을 돕는 것이며, 따라서 퍼실리테이션 자체 또한 결과가 아닌 과정이 된다.

2) 퍼실리테이션의 유형

퍼실리테이션은 내용 퍼실리테이션(Content Facilitation)과 프로세스 퍼실리테이션(Process Facilitation) 2가지로 구분할 수 있다. 내용 퍼실리테이션은 처리해야 할 현안, 논의되는 주제, 해결해야 할 문제 같은 내용을 다루는 것이고, 프로세스 퍼실리테이션은 내용이 어떤 방식으로 다루어져야 하는지, 즉 회의의 방법이나 절차, 형식, 조직의 역학관계, 분위기를 다루는 것이다.

내용 퍼실리테이션에서는 퍼실리테이터가 자신의 의견을 제시하여 토론에 영향을 미치게 되는데 참석자들이 중요한 사항을 놓치는 경우 상기시키는 것은 필요하나 참석자들을 특정한 방향으로 유도하지 않도록 주의해야 한다.

프로세스를 효율적으로 이끄는 프로세스 퍼실리테이션은 다시 문제 해결 절차나 의사결정 과정, 일정관리 등을 퍼실리테이션하는 과제 퍼실리테이션과 참가자들의 참여 촉진, 비협조적인 참가자 다루기, 갈등 관리를 하는 정서 퍼실리테이션으로 구분할 수 있다.

표 4. 퍼실리테이션의 유형

내용 퍼실리테이션(무엇을)	프로세스 퍼실리테이션(어떻게)
토론 주제	방법과 절차
성취해야 할 과제	관계 유지 방법
해결해야 할 문제	사용 도구
이루어야 할 결정들	규칙 또는 규범
의제 항목들	집단의 역학관계
목표들	집단의 분위기

3) 퍼실리테이션의 프로세스

일반적인 퍼실리테이션은 다음 그림과 같이 진행된다.

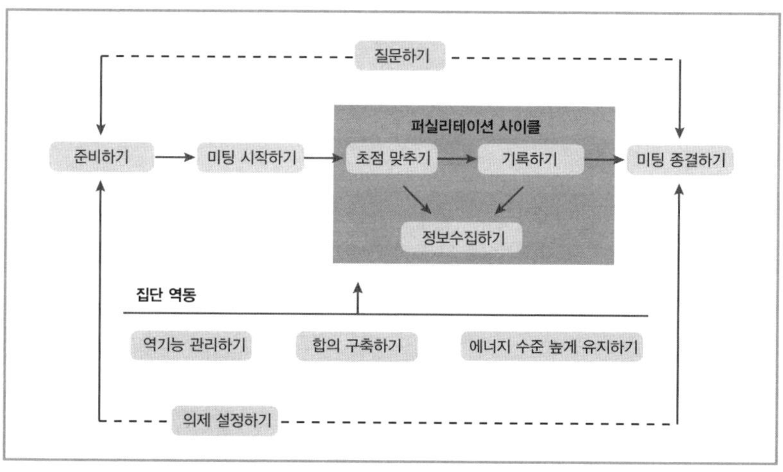

그림 5. 퍼실리테이션 프로세스(Wilkinson, 2004, 'The secrets of facilitation')

이 프로세스에서 [준비하기]와 [미팅 시작하기], [초점 맞추기], [기록하기], [정보수집하기], [미팅 종결하기]는 팀의 문제해결 활동과 직접적으로 연관된 과제 프로세스 퍼실리테이션이라고 할 수 있다. 한편 [역기능 관리하기], [합의 구축하기], [에너지 수준 높게 유지하기]는 팀의 문제해결 활동에 영향을 줄 수 있는 정서적인 문제를 다루는 감정 프로세스 퍼실리테이션과 관련된다. [질문하기]는 모든 프로세스에 공통적으로 행해지는 활동이며, [의제 설정하기]는 미팅을 준비하고 시작하는 단계에서 이루어지는 활동이다.

가. 질문하기

퍼실리테이션에서 가장 중요하면서도 기본적인 도구는 '질문'이다. 퍼실리테이터는 미팅 초기에 참가자들에게 질문을 던지고 참가자들이 이에 대해 생각하게 함으로써 미팅의 목적과 개인적 목표, 미팅에서 참가자들이 공통적으로 지켜야 할 원칙에 대해 분명히 할 수 있다. 또한 퍼실리테이터는 참가자들의 의도나 말한 내용이 명확하지 않을 때나 논의가 주제에서 벗어났거나 참가자들이 반드시 고려해야 할 요소에 대해 논의하지 않을 때 질문을 활용해서 논의의 방향을 제대로 잡아 나갈 수 있다.

나. 의제(협의 사항) 설정하기

퍼실리테이터는 미팅의 목적에 따라 몇 가지 의제를 준비할 수 있다. 퍼실리테이터는 미팅의 주최자, 미팅 참가자들과의 논의를 통해 자신이 준비한 의제가 적절한지 미팅 전과 미팅이 시작될 때 검토해야 한다.

다. 준비하기

본격적인 미팅을 시작하기 전의 준비단계에서 퍼실리테이터는 미팅의 목적, 미팅을 통해 얻고자 하는 결과, 미팅에 참가할 사람, 논의될 이슈, 어떤 단계로 미팅이 진행될 것인지를 명확히 정의한다.

라. 미팅 시작하기

이 단계에서 퍼실리테이터는 참가자들에게 미팅의 목적과 미팅의 결과물에 대해 알리고, 미팅을 통해 얻을 수 있는 결과 및 효과에 대해 상상하게 하여 참가자들의 참여 의욕을 고취시킨다. 또한 미팅에서 참가자들이 해야 될 역할의 중요성과 그들이 미팅에 참석하도록 선택된 이유, 주어진 권한에 대해 설명한다.

마. 초점 맞추기

퍼실리테이터는 논의가 주제와는 다른 방향으로 흘러갈 때 혹은 새로운 날짜에 미팅이 시작되거나 긴 휴식시간이 지난 뒤 새롭게 미팅을 시작하려 할 때, 참가자들에게 미팅의 목적에 대해 재인식시키거나 논의의 진행상황을 파악하게 하여 참가자들이 주제에 집중하게 한다.

바. 기록하기

퍼실리테이터는 논의의 흐름을 파악하고 참가자들에게 논의된 사항에 대해 피드백해주기 위해 중요한 내용을 기록해야 한다.

사. 정보수집하기

퍼실리테이터는 미팅을 진행하면서 참가자들에게 다양한 방식의 질문을 던짐으로써 언급된 사항에 대한 자세한 정보를 얻고, 정보를 범주화하며, 문제해결을 위한 방안을 도출하고, 해결방안의 우선순위를 결정하도록 한다.

아. 역기능 관리하기

미팅의 역기능은 참가자들이 미팅에 대한 불만을 무의식적, 혹은 의식적으로 표출하는 것이다. 미팅에 늦거나 입을 다물고 있는 것부터 다른 참가자들을 비난하거나 미팅 장소를 떠나는 것까지 다양하게 표현된다. 퍼실리테이터는 이러한 증상들을 초기에 파악해서 역기능의 증상별 대처 방법을 사용해야 한다.

자. 합의 구축하기

참가자들이 모두 지지하는 합의를 구축하기 위해 퍼실리테이터는 적절한 의사결정 방법을 선택하여 합의를 도출하도록 한다. 만약 참가자들의 의견이 쉽게 수렴되지 않는다면 그 원인을 파악하고, 원인에 따라 합의를 이끌어낼 수 있는 기법을 사용해야 한다.

차. 에너지 수준 높게 유지하기

참가자들이 높은 에너지를 지니고 있으면 주제에 대한 토의가 활발히 이루어지고, 참여도가 높아진다. 또한 퍼실리테이터가 높은 에너지를 지니고 있는 것 역시 참가자들에게 미팅에서 다루는 이슈가 중요하다고 느끼게 하여 참여도를 높일 수 있다. 따라서 퍼실리테이터는 자신과 참가자의 에너지 수준을 주기적으로 점검하고, 에너지 수준이 낮아졌을 때 이를 높이기 위한 기법을 사용하는 것이 좋다.

카. 미팅 종결하기

미팅을 종결하기 전에 퍼실리테이터는 미팅 중에 논의된 의제와 결정된 사항, 참가자들의 목적이 달성되었는가에 대해 검토한다. 또한 미팅 활동을 통해 성취한 결과에 대해 평가하고, 공식적으로 미팅이 종결되었음을 알리며, 미팅 주최자에게 미팅 결과 및 보완점을 보고한다.

연습) 퍼실리테이션을 통해서 각 조별 앞으로 수행할 프로젝트의 주제를 정해보자. 퍼실리테이터는 제비뽑기로 결정하고 퍼실리테이션이 끝나고 나면 진행 과정에서 각자의 역할에 대해 토의를 통해서 평가한다.

학습평가

01. 다음 중 문제의 의미에 대한 설명이 아닌 것은?

① 해결하기를 원하지만 실제로 해결해야 하는 방법을 모르고 있는 상태

② 업무를 수행함에 있어 해결해야 되는 사항

③ 목표와 현상 간의 차이

④ 해답이 있지만 그 해답을 얻는 데 필요한 행동을 알지 못하는 상태

02. 다음은 창의적 문제와 분석적 문제에 대한 진술이다. 이 중 창의적 문제에 대한 진술이라고 생각하면 괄호 안에 '창의적'을, 분석적 문제에 대한 진술이라고 생각하면 '분석적'을 쓰시오.

① 현재 문제가 없더라도 보다 나은 방법을 찾기 위한 문제 (   )

② 분석, 논리, 귀납과 같은 방법을 사용하여 해결하는 문제 (   )

③ 정답의 수가 적으며, 한정되어 있는 문제 (   )

④ 주관적, 직관적, 감각적 특징에 의존하는 문제 (   )

03. 다음 중 '문제점'에 관한 설명으로 거리가 먼 것은?

① 문제의 근본원인이 되는 사항

② 문제해결에 필요한 열쇠의 핵심 사항

③ 문제의 발생을 미리 방지할 수 있는 사항

④ 문제점을 개선할 수 있으나 손을 쓰지 않아도 되는 사항

04. 다음 중 괄호 안에 가장 적당한 말은? 어떤 문제점을 인식할 때 (   ), 즉 선입관이 작용한다. 일단 뭔가를 노골적으로 이야기하기 시작하면 때로는 미움과 증오의 대상이 되기도 한다. 여러분이 가진 그릇에 따라 누군가를 평가하게 될 것이다. 여기서 그릇이란 은유적인 표현으로 개인이 지닌 지식, 지혜, 통찰력 등의 크기 혹은 내용을 말한다. 여러분이 가진 지식, 지혜, 통찰력의 크기와 내용에 따라 그 누군가는 다양하게 평가될 것이다. 가진 그릇은 그것이 크든 작든 필연적으로 (   )을 낳는다. (   )을 가지고서는 문제점을 찾기가 쉽지 않고 진리에 이를 수 없다.

① 편견 　　　　　　② 단점

③ 유연함 　　　　　④ 상호 연결

05. 다음 중 문제해결에서 가장 중요한 것은?

① 발생하는 문제의 인식

② 문제를 해결하려는 실천적 의지

③ 문제의 객관적 파악

④ 문제의 공통성과 일관성 파악

⁝ 문제의 유형

01. 업무수행 과정에서 발생하는 문제의 유형 3가지를 쓰시오.

(   ), (   ), (   )

02. 다음은 문제의 유형에 대한 설명이다. 서로 관계가 있는 것끼리 짝지어라.

　　– 앞으로 어떻게 할 것인가에 대한 문제 (　　　)

　　– 현재 직면하여 해결하기 위해 고민하는 문제 (　　　)

　　– 현재의 상황을 개선하거나 효율을 높이기 위한 문제 (　　　)

　　① 발생형 문제　　　　　　② 탐색형 문제　　　　　　③ 설정형 문제

03. 다음 중 탐색형 문제로 볼 수 없는 것은?

　　① 잠재 문제　　　　　　　　② 예측 문제

　　③ 발견 문제　　　　　　　　④ 찾는 문제

04. 다음 중 보이는 문제와 가장 거리가 먼 것은?

　　① 발생형 문제　　　　　　　② 일탈 문제

　　③ 목표지향적 문제　　　　　④ 원인지향적인 문제

문제해결 프로세스

　문제해결은 문제의 원인을 찾아 분석하고, 이 분석 결과를 토대로 해결안을 도출하여 제시하고 실제 상황에 적용해 해결하는 과정이라고 할 수 있다. 주어진 문제를 다음 순서에 따라 적어봄으로써 해결해보도록 하자.

01. 현재 직면하고 있는 문제는 무엇인가? 문제의 증상, 원인과 구분해서 설명하시오.

문제의 증상: ____

문제의 원인: ____

문제: ____

02. 문제의 해결프로세스를 순서대로 기술하시오.

① ____

② ____

③ ____

④ ____

⑤ ____

03. 해결안을 시행했을 때, 발생할 수 있는 기대효과와 문제점은?

순번	기대효과	문제점
①		
②		
③		
④		
⑤		

 4차산업혁명, 문제해결력이 정답이다

01. 문제해결을 위해서 기본적으로 갖추어야 할 4가지 사고는

( ), ( ), ( ), ( )이다.

02. '현재 당면하고 있는 문제와 그 해결방법에만 집착하지 말고, 상위 시스템이나 다른 문제와 어떻게 연결되어 있는지를 생각하는 것이 필요하다'는 말과 가장 관계가 깊은 것은?

① 전략적 사고   ② 분석적 사고

③ 발상적 사고   ④ 사실지향 사고

03. '기존에 가지고 있는 사물과 세상을 바라보는 인식의 틀을 전환하여 새로운 관점에서 바로 보는 사고를 지향하라'와 가장 관계가 있는 것은?

① 내부지향   ② 발상의 전환

③ 계획 수립   ④ 검증 후 수행

왜 문제를 해결하지 못할까?

01. 다음 중 문제해결을 위한 장애요소가 아닌 것은?

① 도전 의식   ② 고정 관념

③ 단순한 정보에 의지   ④ 많은 자료를 수집하려는 노력

02. 다음 설명은 문제해결을 방해하는 장애요소 중 어떤 요소에 대한 설명인가? (   )

　– 어떤 문제가 발생하면 직관에 의해 성급하게 판단하여 문제의 본질을 명확하게 파악하지 못하는 경우

03. 다음 중 고정관념이라고 볼 수 없는 것은?

　① 편견이나 경험　　　　　　　　② 습관

　③ 정해진 규정과 틀　　　　　　　④ 가능성

⋮ 퍼실리테이션을 이용한 문제해결

01. 서로의 생각을 주장하고, 논쟁이나 협상을 통해 서로의 의견을 조정해 나가는 문제해결 방법을 (   )에 의한 문제해결 방법이라고 한다.

02. 깊이 있는 커뮤니케이션을 통해 서로의 문제점을 이해하고 공감함으로써 창조적으로 문제를 해결하는 방법을 (   )에 의한 문제해결 방법이라고 한다.

03. 문제해결을 위한 방법은 크게 (   ) 어프로치, (   ) 어프로치, (   )의 3가지로 구분된다.

04. 문제해결을 위해 직접적인 표현이 바람직하지 않다고 여기며, 무언가를 시사하거나 암시를 통하여 의사를 전달하고 기분을 서로 통하게

함으로써 문제해결을 도모하려고 한다. 이러한 방법을 (   )에 의
한 문제해결 방법이라고 한다.

05. 회의가 효율적이고 체계적으로 진행되도록 촉진하고, 회의의 주제나
목표를 달성하도록 지원하는 것을 말하는 것은?

① 소프트 어프로치　　　　　　② 하드 어프로치

③ 퍼실리테이션　　　　　　　④ 코디네이터

3장

문제해결의 키워드를 키워라

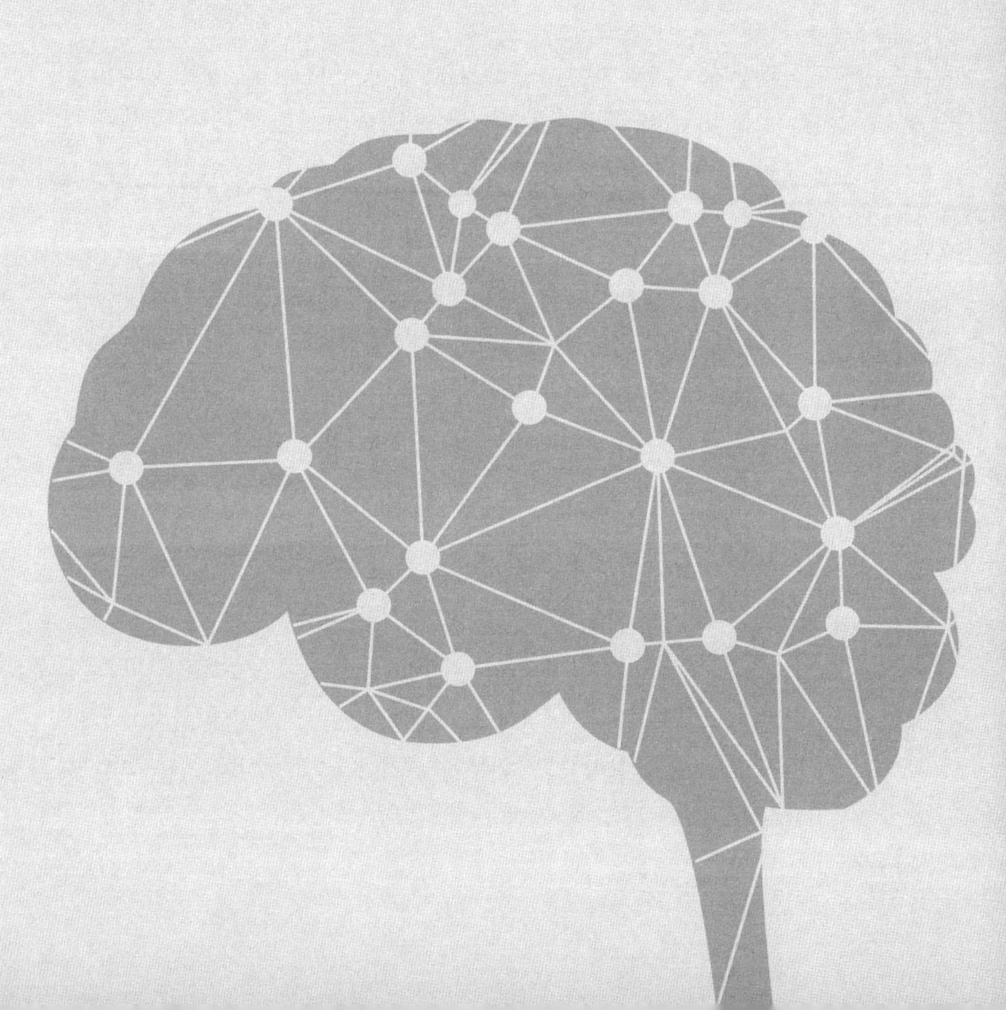

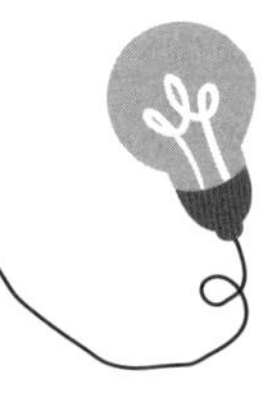

3.1
문제해결을 위한 사고력, 사고력을 키워라

형과 동생이 오랜만에 만났다. 서로 이야기하는 동안 형은 자신의 조카가 최근 결혼한 것이 생각나 조카부부의 이야기를 꺼냈다. 그러나 동생에게는 최근에 결혼한 조카가 한 명도 없었다. 분명한 것은 이 형제가 친형제라는 점이다. 어떻게 해서 이런 일이 있을 수 있을까?

이런 문제를 해결하기 위해서는 가능한 한 모든 경우를 상상하는 것이 중요하다. 단어 하나에 현혹되지 말고 형이 말하는 조카와 동생과의 관계를 골똘히 생각해보면 된다. 이때 정답은 하나가 아닐 수도 있다.

먼저 동생의 딸이 최근에 결혼했다고 가정할 수 있을 것이다. 동생의 딸은 형에게 있어서 당연히 조카인 셈이다. 다른 경우는 형수의 형제의 자녀가 결혼한 경우이다. 물론 처조카로 구분되지만 조카라는 가정만 있었으므로 이 경우도 해당될 수 있다. 가능한 한 모든 경우를 생각해야 한다는 것을 상기한다면 2가지 답 모두를 떠올릴 수 있을 것이다.

이렇게 문제해결력을 향상시키기 위해서는 고정관념에서 벗어나 여러 가지 가능성을 상상하고, 의문을 가지며 눈에 보이지 않는 부분을 보려고 노력해야 한다. 즉, 의도적으로 자유로운 사고를 해야 하며 이것이 주어진 조건이나 문제에 적합한지를 분석해야 하므로 문제의 해결을 위해서는 비판적인 사고와 창의적인 사고가 매우 중요한 요소라고 할 수 있다.

문제해결 과정은 문제를 인식하고 정의하는 것으로부터 시작된다. 문제가 정의되면 문제의 본질과 원인, 그리고 처해진 환경과 관련된 문제나 자원을 찾아내는 분석력이 필요하다. 이런 정보를 바탕으로 문제의 해결방안을 찾아내는 상상력이 요구되며, 해결방안을 실행하면 그 방안의 결과와 효과를 평가하고 오류를 수정하는 과정이 이어지게 된다. 이것이 문제를 해결해가는 과정이다. 문제를 인식하고 정의하며 문제의 본질과 원인 및 관련된 문제들을 분석해내는 것은 논리적 사고와 분석력이 갖추어졌을 때 가능한 일이다. 논리적 사고와 분석력은 비판적 사고의 기반이 된다. 해결방안을 상상하고 대안을 만들기 위해서는 상상력이 필요한데 이런 상상력은 창의적 사고를 의미한다.

사고력은 문제해결을 위한 필수적인 요소이므로, 비판적 사고능력을 기르고 창의적 사고를 할 수 있는 훈련을 하는 것은 문제해결력을 높일 뿐만 아니라 살아가는 힘을 기르는 길이기도 하다.

생각해보기) 똑같이 심은 두 그루의 야자나무 중 한 그루가 잘 자라지 않는다. 이 문제를 해결하기 위해서 어떻게 해야 할까?

만약 잘 자라지 않는 나무를 잘라내고 잘 자라는 나무와 같은 크기의 새 나무를 심기로 했다면 이것을 적절한 해결책으로 볼 수 있을까? 실제로 이런 식으로 문제에 대응하는 경우는 의외로 많다. 당장 보기에는 좋고 문제가 해결된 것처럼 보일 수 있지만 근본적인 해결책은 아니다. 언제든지 같은 문제가 다시 발생될 수 있기 때문이다. 깊이 생각하지 않고 단순히 드러난 현상에 대응하기 급급해 문제의 근본적인 원인을 해결하지 않은 결과라고 할 수 있다. 이런 경우는 뿌리를 파헤쳐봐야 제대로 된 원인을 알 수 있다. 즉, 문제의 근본원인을 찾으려는 분석적 사고가 필요하다는 것이다. 연구를 통해 비료를 준다든지 하는 근본적인 문제를 찾아 해결해야 한다. 이때의 해결책은 반드시 원인과 맞아야 효과가 있다. 해결책을 내놓기 위해 성급하게 행동하는 것은 실패의 가능성만 높일 뿐이다. 행동에 임하기 전에 먼저 문제를 분석하고 원인을 파악하려는 깊은 사고가 필요하다. 대부분의 원인은 표면으로 드러나는 것이 아니라 깊이 감춰져 있기 때문이다.

비판적 사고와 창의적 사고를 기르기 위해서는 당연한 것에도 의문을 갖고 모두가 옳다고 하는 것에도 '왜?'라고 질문하는 태도가 필요하다. '왜?'라고 질문하고 작은 일에도 의문을 품는 자세가 사물이나 현상을 바라보는 새로운 시선을 갖도록 하는 힘이 된다. 이런 질문은 다른 발상을 이끌어내는 훈련이 되기도 한다.

예를 들어 "바람은 보이지도 않고, 모습도, 색도, 냄새도 없는데 우리는 어떻게 바람을 느낄 수 있을까?"라는 질문은 철학적, 물리학적 지식을 논하는 토론이 아니라 각각 다른 발상으로 생각하면서 토론하는 힘을 키워주는 훈련이 가능하도록 한다.

열린 사고와 창의적인 사고를 기르기 위해서는 사고의 예외와 금기를 버려야 한다. 어린아이의 사고를 제한하는 어른들이 빈번히 저지르는 실수는 예절을 이유로 사회적 통념이나 금기사항에 대해 의문을 갖는 것을 나무라거나 막는 것이다.

예를 들어 어린아이가 대머리 어른을 보고 "저 아저씨는 왜 머리카락이 없어요?"라고 질문할 때 대부분의 부모들은 "그런 말 하면 못써."라고 반응한다. 아이는 대머리에 대한 편견이 아니라 그저 자신과 다름에 대한 의문이 생긴 것일 뿐이다. 그런 다름에 대한 의문을 갖고 하는 질문은 중요하게 받아들여야 한다. 이런 의문에 대응하는 어른들의 자세가 아이들의 사고에 큰 영향을 미친다. 아이들이 갖는 의문에 예외나 금기를 만들면 아이들의 사고를 정지시키게 된다. 금기를 만드는 가장 대표적인 예가 아이들이 성에 대한 의문을 가지는 것을 죄스럽게 느끼도록 만드는 문화이다. 비단 아이들에게만 적용되는 것도 아니다. 직장에서 상사가 부하직원의 질문을 무시하거나 부정적인 반응을 보일 때 그 직장은 새로운 사고나 시도가 불가능한 문화가 자리 잡게 된다.

비판적 사고나 창의적 사고에서 중요한 또 다른 요소는 상식이나 여론, 그리고 권위에 의문을 품는 자세이다. 대부분 직장 상사나 특정한 분야의 전문가 의견은 무비판적으로 수용하는 경향이 있다. 이것은 일종의 권위다. 비판적으로 사고하고 새로운 시각을 기르기 위해서는 이

권위에 도전하는 용기가 필요하다. 누가 한 말인지 또는 누구의 의견인지에 관계없이 그것을 의심하고 의문을 품는 '정말 그럴까?'의 자세가 필요하다. 지구의 끝에는 낭떠러지가 있다는 대부분의 믿음에 의문을 품지 않았다면 지구가 둥글다는 사실을 발견할 수 없었을 것이다. 이렇게 권위 있는 학자나 교과서, 전문서적의 내용에 대해서도 의심하고 의문을 품어야 새로운 눈이 트이고 새로운 생각이 가능해지는 것이다.

인터넷의 확산으로 정보의 홍수시대에 살고 있는 현대에는 특히나 이런 정보의 권위에 의문을 가지고 도전하는 자세가 필수적이다. 우리가 접하는 인터넷의 많은 정보는 그 신뢰성이 보장되지 않는 경우가 허다하다. 더구나 대중매체의 상업화로 언론의 보도 내용이나 주장의 편향성이 심각한 문제가 되고 있다. 따라서 언론의 보도에 대해서 객관적이고 공정한 시각을 가지고 비판적으로 재해석해야 올바른 판단을 가질 수 있다. 그 외에도 여론조사의 결과, 다수결 의견에 대해서도 특별히 더 비판적인 시각을 가지고 스스로의 검증과 조사를 통해서 진실에 접근해야 한다. 이를 위해서는 상식이라고 여겨지는 것과 다른 생각을 갖는 것을 두려워하지 말아야 한다.

이런 관점에서 인재를 구분하면 2가지 유형으로 나눌 수 있다.
- 제안형 인재: 항상 최신기술에 관심을 가지며 연구하고 제안하는 유형의 사람
- 작업형 인재: 상사의 지시에 충실히 따르고 기한을 잘 지키는 성실한 태도를 가지고 있지만 새로운 제안을 하지는 못하는 사람

창의적인 기업은 어떤 인재를 요구할까? 미래의 사회와 조직에서는 어떤 인재가 적합한 인재일까? 어떤 답을 하는지와 관계없이 윗사람의 지시에 순응하는 사람을 인재로 여기는 조직은 발전하지 못한다는 것이 많은 기업과 조직을 통해서 배울 수 있는 교훈이다.

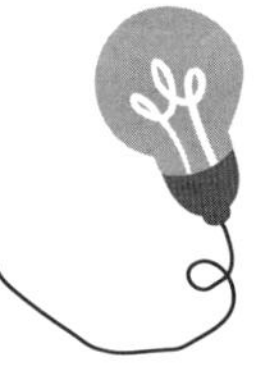

3.2
비판적 사고와 논리적 사고: 문제해결의 첫 번째 키워드

비판적 사고를 길러야 하는 이유는 이를 통해 수많은 낯선 문제에 효과적인 해답을 찾을 수 있기 때문이다. 또 비판적 사고는 넓은 범위의 다양한 지적기술 및 활동을 포괄하는 개념이다. 여기에 포함되는 지적 역량은 절대적으로 외부와 자신의 내부적 사고 과정을 평가하는 것에 관한 것으로 스스로의 사고능력을 검토하려는 의지와 능력이 필요하다. 그래야 우리의 약점과 보완점을 파악할 수 있고, 사고체계를 개선시켜서 보다 폭넓게 사고하고 정보를 평가할 수 있게 되며, 그릇된 생각 및 이념을 포착하고 배척할 수 있게 된다.

비판적 사고는 단순히 사고를 많이 하는 것을 의미하지 않는다. 근본적 결함이 있는 입장을 방어하거나 초점이 어긋난 질문을 추구하는 데 상당한 지적에너지를 소비할 수 있다. 자신의 접근방식에 내재되어 있는 고정관념 혹은 오류를 검토하지 않으면 이런 소모적인 사고에 빠져들 수 있으므로 비판적 사고가 필요한 것이다.

사고체계를 개선해야 하는 이유는 대부분의 사람들이 자신의 경험이나 관념에 사로잡혀서 고정된 사고를 벗어나지 못하기 때문이다. 문화와 양육 과정에서 생긴 모든 고정관념을 인식하여 최소화시키고, 현실에 상응하는 지식과 근거를 찾아내 따를 수 있도록 자신의 사고를 단련시켜야 한다. 또 그것이 자신이 소중히 여기는 신념에 대립되는 결론으로 이어지더라도 수용할 수 있는 열린 사고를 갖추어야 한다.

1) 비판적 사고

비판적 사고의 과정에서 신념은 소중하게 지켜야 할 대상이라기보다는 끊임없이 정제되고 완성되어가야 할 대상이며 심지어는 변경될 수도 있는 대상이어야 한다. 또한 비판적 사고는 호기심을 증진하고 스스로의 시각과 지식을 넓히는 것에 대한 열정을 높인다. 다시 말해서 특정한 해답(이론)은 직접적으로 논의대상(현상)을 설명하고 그것이 검증 가능한 것이어야 진지하게 다루어질 만한 가치가 있음을 인지하며, 합리적인 이론들은 '그것들이 틀렸음을 인정해야 할 상황'을 명확하게 명시한다.

비판적 사고의 핵심은 회의적 태도를 수용하는 것이다. 이때 회의적 태도란 부정적 입장을 무분별하게 고수하는 것이 아니라 자신 앞에 제기된 주장들에 대해 의문을 제기하고 섣불리 판단하지 않음으로써 정당하지 않을 수 있는 주장들을 무작정 수용하기 전에 그것들을 이해하는 것에 시간을 할애하는 태도이다. 즉, 그것들의 논리를 검증하고 그 배경에 가정, 혹은 편견이 존재하는지 확인하려는 태도라고 할 수 있다.

어떠한 경우에도 사실을 주장하는 논거는 타당하고 일관성 있는 논리가 뒷받침되어야 하며 감정이나 사회적 압력이 개입되어서는 안 된다.

사실을 주장하는 과정에 동반되는 감정은 그것의 사실 여부와 아무런 연관이 없으며, 그것이 어떤 특정 사회적 집단에서 사실로 받아들여진 다고 하더라도 그것의 일반적 사실 여부와는 무관하다.

'논리는 인간이 지어낸 개념이므로 가치가 없다'는 식으로 혹자는 합리적이고 논리적인 사고의 가치를 부정하기도 한다. 이것은 논리를 부정하는 주장으로 자신이 앉아 있는 나뭇가지를 잘라버리는 행위와 같다. 이것은 자신이 부정하는 대상인 논리, 즉 '인간이 지어낸 개념이기 때문이라는 논리'를 토대로 논리를 부정하는 것이기 때문이다. 합리적 사고는 우리 삶 속에서 크고 작은 결정과 판단을 할 수 있도록 돕는 역할을 한다.

그럼 특정 논리 속에 오류가 있을 경우 어떻게 우리 스스로 이해력을 높일 수 있을까? 합리적 사고의 가치를 거부함으로써? 아니면 스스로의 결함을 솔직히 들여다봄으로써? 논리 및 근거의 중요성을 간과하는 성향을 비롯한 다양한 방해적 성향들은 당사자의 비판적 사고능력에 지장을 준다. 비판적 사고를 방해하는 가장 중요한 요소는 복잡한 쟁점에 대해 흑과 백의 입장을 제외하고는 인정하지 않으려는 태도이다. 다양한 선택이 존재함에도 불구하고 그중 2개만 인정할 경우 잘못된 이분법의 오류가 생길 수 있다. 의식의 경우 보편적으로 영원한 무형의 존재 혹은 두뇌에 들어 있는 이상의 상태에 불과한 무언가로 인식되지만 그것을 설명하는 논거는 그 외에도 다양하다.

구체적인 사례를 들어보자. 대부분의 사람들은 진화론자를 특정 신을 믿지 않는 사람들이라고 구분하지만 사실 이 둘은 상호배타적 개념이 아니다. 잘못된 이분법을 토대로 사고할 경우 우리는 잘못된 결론을 내리게 된다.

생각해보기) A가 틀렸을 경우 B는 반드시 사실이라고 여긴다면 다른 사람들의 입장 또한 잘못 전달할 가능성이 존재한다. 그들이 X 입장을 취하지 않는다면 그들은 반드시 Y 입장을 취하는 것이라고 오인하게 되는 것이다. 흑백논리는 복잡함, 그리고 뚜렷한 정답의 부재에서 비롯되는 불확실성에 대한 저항 혹은 거부반응에 기인한다.

모호함과 '알지 못함'을 견디지 못해 불완전한 결론으로 건너뛰는 태도는 호기심보다는 안일함을 추구하는 태도다. 그러므로 비판적 사고가들은 불확실성을 감당할 수 있고 자신들이 무지한 분야가 무엇인지 자각하는 것을 선호하며, 유효한 근거 및 그러한 근거를 기반으로 한 해답을 기다릴 수 있는 사람들이다.

비판적 사고는 우리 각자에게 자신만의 지적 독립을 할 수 있는 열쇠를 제공함으로써 스스로 탐험하고 문제를 해결하려는 의지와 능력을 부여한다. 이것은 섣부른 결론, 혹은 신비주의에 도달하거나 고정관념, 권위, 전통 등에 의문을 제기하기를 꺼리는 성향으로부터 벗어나 지적인 절제력, 생각을 명확하게 표현하는 능력을 기르고, 자신의 생각에 스스로 책임을 지는 방향으로 향할 수 있도록 해준다.

구성원들이 비판적 사고능력을 갖춘 조직, 즉 모든 방면에서 최고의 지식과 합리적 사고의 습득을 열망하고 스스로의 사고 과정에 존재하는 결함을 인정하며 수정할 의향을 보이는 조직은, 그들이 같이 살아가면서 직면할 난관들에 대해 월등한 해결책을 제시할 수 있도록 무장된 건강한 조직이다. 이런 조직에서 창의적이고 혁신적인 아이디어가 나오고 지속적인 성장이 가능해진다. 따라서 비판적 사고를 가르치고 권장하는 것은 개개인에게 힘을 부여하고 집단의 미래에 투자하는 것이다.

2) 논리적 사고

가. 논리적 사고의 개념

논리적 사고는 직장생활에서 지속적으로 요구되는 능력이다. 논리적인 사고력이 없다면 아무리 많은 지식을 가지고 있더라도 자신이 만든 계획이나 주장을 주위 사람에게 이해시켜 실현시키기 어렵다. 다른 사람들을 설득해야 하는 과정에 필요한 것이 논리적 사고이기 때문이다. 논리적 사고는 사고의 전개에 있어서 전후관계의 일치 여부를 살피고, 아이디어를 평가하는 능력을 의미한다. 이러한 논리적 사고는 다른 사람을 공감시켜 움직일 수 있게 하며, 짧은 시간 내에 헤매지 않고 사고할 수 있게 한다. 또한 행동하기 전에 생각을 먼저 하게 하며, 주위를 설득하는 일이 훨씬 쉬워진다.

나. 논리적 사고의 구성요소

논리적인 사고를 하기 위해서는 생각하는 습관, 상대 논리의 구조화, 구체적인 생각, 타인에 대한 이해, 설득이라는 5가지 요소가 필요하다.

● **생각하는 습관**

논리적 사고에 있어서 가장 기본이 되는 것은 늘 생각하는 습관을 가지는 것이다. 생각할 문제는 우리 주변에서 쉽게 찾아볼 수 있으며, 특정한 문제에 대해서만이 아니라 일상적인 대화, 회사의 문서, 신문의 사설 등 어디서 어떤 것을 접하든 늘 생각하는 습관을 들이는 것이 중요하다. '이것은 조금 이상하다, 이것은 재미있지만 왜 재미있는지 알 수 없다'는 의문이 들었다면, 계속해서 왜 그런지에 대해 생각해야 한다. 출퇴근길, 화장실, 잠자리에 들기 전 등 언제 어디에서나 의문을 가지고 생각하는 습관을 들여야 한다.

● **상대 논리의 구조화**

상사에게 제출한 기획안이 거부되었을 때, 자신이 추진하고 있는 프로젝트를 거부당했을 때 '왜 그럴까? 왜 자신이 생각한 것처럼 되지 않을까? 만약 된다고 한다면 무엇이 부족한 것일까?' 하고 생각하기 쉽다. 이때 자신의 논리로만 생각하면 독선에 빠지기 쉽다. 상대의 논리를 구조화하는 것이 필요하다. 상대의 논리에서 약점을 찾고, 자신의 생각을 재구축하다면 분명히 다른 메시지를 전달할 수 있을 것이다. 자신의 주장이 받아들여지지 않는 원인 중에는 상대 주장에 대한 이해가 부족한 것이 있을 수 있다.

● **구체적인 생각**

상대가 말하는 것을 잘 알 수 없을 때는 구체적으로 생각해보아야 한다. 업무 결과에 대한 구체적인 이미지를 떠올려본다든가, 숫자를 적용하여 표현한다든가 하는 다양한 방법을 활용하여 구체적인 이미지를 만들면 단숨에 논리를 이해시킬 수 있는 경우도 많다.

● 타인에 대한 이해

상대의 주장에 반론을 제시할 때는 상대 주장의 전부를 부정하지 않는 것이 좋다. 동시에 절대로 상대의 인격을 부정해서는 안 된다. 예를 들어 "당신이 말하고 있는 것의 이 부분은 이유가 되지 못한다."고 하는 것은 주장에 대한 부정일 수 있지만 "이런 이유를 설정한다면 애당초 비즈니스맨으로서는 불합격이다."라고 하는 것은 바람직하지 못하다. 반론이든 찬성이든 논의를 통해 이해가 깊어지거나 논점이 명확해지고 새로운 지식이 생기는 등 플러스 요인이 생기는 것이 바람직하다.

● 설득

논리적인 사고는 고정된 견해를 낳는 것이 아니며, 더구나 자신의 사상을 강요하는 것도 아니다. 자신이 함께 일하는 상대와 의논하고 설득해 나가는 과정에서 자신이 깨닫지 못했던 새로운 가치를 발견하고 생각해낼 수 있다. 또한 반대로 상대에게 반론을 하는 가운데 상대가 미처 깨닫지 못했던 중요한 포인트를 발견할 수도 있다. 설득은 공감을 필요로 한다. 설득은 논쟁을 통하여 이루어지는 것이 아니라 논증을 통해 더욱 정교해진다. 이러한 설득의 과정은 나의 주장을 다른 사람에게 이해시켜 납득시키고 그 사람이 내가 원하는 행동을 하게 만드는 것이다. 이해는 머리로 하되 납득은 머리와 가슴이 동시에 공감되어야 하며, 이 공감은 논리적 사고를 기본으로 한 것이어야 한다.

3.3
수평적 사고와 수직적 사고: 문제해결의 두 번째 키워드

다음의 그림을 어떤 상황이라고 설명할 수 있을까? 그림의 남자가 구체적으로 무엇을 하고 있는 것인지 생각해보자.

그림 6. 나는 누구?

사고의 종류는 수평적 사고와 수직적 사고로 나눌 수 있다. 수평적 사고의 특성은 수직적 사고에 창의력을 더하게 한다는 것이다.

수평적 사고는 기존의 패턴에서 벗어나 새롭게 재구성하는 사고기법이다. 전통적이고 논리적인 수직적 사고와 달리 수평적 사고는 단계별로 옳아야 할 필요도 없고 관계없는 정보를 가져다 쓸 수도 있다. 이 두 기법은 대체의 관계가 아니라 상호보완적인 관계로, 수평적 사고는 여러 가지 대안을 만들어내는 힘을 가지고 있는 반면 수직적 사고는 선택을 의미한다. 수평적 사고는 부정하지 않으며, 어떤 것도 가정하거나 짐작하지 않고, 뜻밖의 방해를 환영하며, 범주, 구분, 라벨을 고정시키지 않는 개연성 있는 과정이다.

새로운 생각과 사고를 끌어내기 위해서는 고정관념을 과감하게 탈피하여 새롭게 나누고, 안 보이는 것을 붙이고, 반전하고, 당연한 것을 거부하며, 임의의 자극을 만들어내야 한다. 해답을 찾았다고 해서 멈추는 것이 아니라 색다른, 더 나은 해답을 위해 계속해서 도발적인 사고작용을 시도해야 한다. 이 과정에서 얻어내는 의외의 결론들이 현재 상황의 돌파구가 될 수 있다.

생각해보기 1) 교통을 통제하는 경찰

교통이 경찰을 통제한다. 왜냐하면 교통 상황에 따라 경찰들의 배치와 근무가 결정되기 때문이다. 교통이 스스로를 통제할 수는 없는가? 혹은 경찰이 오히려 교통을 혼잡하게 만들지는 않는가?

생각해보기 2) 수요가 공급보다 많으면 가격이 상승한다.

가격이 하락하는 경우는 없는가? 가격이 하락하게 만들 수는 없는가? 수요를 더 높이면? 더 낮추면? 공급을 더 높이면? 더 낮추면?

생각해보기 3) 꽃은 시든다.

꽃은 왜 시들어야 하는가? 그것은 살아 있기 때문이다. 처음부터 죽어 있는 꽃은 시들지도 않는다. 이것이 조화 탄생의 계기가 되었다.

이런 사고는 자신이 하는 일을 다르게 바라볼 수 있게 하고 거기서 새로운 아이디어나 혁신을 가능하게 한다. 이런 사례는 한 프랑스 샴페인 제조 회사가 이루어 낸 성공으로도 증명되고 있다. 미국의 모 컨설팅 업체는 한 프랑스 샴페인 제조사로부터 경영 컨설팅을 의뢰받았다. 이 회사에서 파견된 컨설턴트 두 사람은 샴페인 제조 회사의 임원들을 불러 모아놓고 자신들 회사의 이미지나 하는 일을 묘사하는 데 '독주', '음료수', '샴페인', '술' 혹은 '술병' 같은 단어를 사용하지 않고 표현해 줄 것을 요청했다. 술을 만들면서 술과 관련된 단어를 사용하지 않고 표현하기가 쉽지 않을 것 같았지만 예상치 못한 수많은 흥미로운 단어들이 테이블 위로 쏟아졌다. 자신들이 생각지도 못한 아이디어들이 쏟아지자 정작 임원들이 깨닫게 된 것은 회사의 역할에 대한 새로운 모습이었다. 자신의 회사는 단순히 술을 공급하는 역할에 그치는 것이 아니라 다른 이들의 '파티와 축하행사의 성공에 기여하는 것'임을 깨닫게 된 것이다. 기존의 굳어진 관념에서 벗어나서 자신의 회사를 다르게 보기 시작한 것이다.

자신의 회사를 다르게 보는 것은 임원들이 회사의 미래에 대해 새로운 방식으로 생각할 수 있는 기회를 주었다. 이렇게 회사의 역할을 다르게 보면서 다양한 새로운 제품과 마케팅 아이디어를 고안하고 이를 수용할 수 있는 시각이 생겨나게 되었다. 이로 인해서 회사 전체의 매출이 크게 신장된 것은 당연한 결과이다.

이 회사에서 나온 아이디어는 우리에게 이미 익숙한 것들도 있다. 그중 하나는 얼음이 담긴 휴대용 샴페인 가방이다. 샴페인은 주로 선물용이나 축하행사 등에 들고 가는데 여름에 구입해서 들고 갈 경우 바로 시원하게 마실 수 없다는 점에 주목한 것이다. 얼음과 함께 샴페인 병을 넣어 들고 갈 수 있는 큰 플라스틱 가방을 제공하는 아이디어는 맥주 회사에도 채용되어서 여름에 맥주 판촉행사에서 심심치 않게 등장하고 있다. 또 샴페인 병을 운반하는 나무 상자의 모양을 체스와 주사위 놀이판으로 사용할 수 있게 디자인했다. 파티에서 사람들이 이런 게임들을 즐기므로 이 아이디어도 고객들로부터 큰 호응을 얻었다.

문제 1) 남에게 돈을 빌린 한 상인에게 고리대금업자가 제안을 한다. 고리대금업자는 상인의 딸에게 눈독을 들이고 있었는데, 주머니 속에서 조약돌 하나를 꺼내되 그 돌이 검은 돌이면 상인의 딸이 자기 아내가 되는 대신 빚을 탕감해주겠다는 내용이었다. 그 대신 만약 흰 돌이면 무조건 빚을 탕감해주겠다는 것이다. 딸이 이 제안을 거부하면 상인은 감옥에 갇혀야 하는 상황이다. 상인은 이 제의에 동의했고 고리대금업자는 검은 조약돌 두 개를 주머니에 넣었는데, 이것을 상인의 딸이 보았다. 딸은 이 상황에서 어떻게 문제를 해결할 수 있을까?

이 문제를 해결하기 위해서 딸은 2가지 사고 방법을 통해 접근할 수 있다. 수직적 사고로 접근할 때는 3가지 행동이 가능하다.

1) 딸이 고리대금업자의 제안을 거부하는 것이다. 이 경우 딸의 아버지인 상인은 감옥에 갇히는 상황이 벌어진다.
2) 딸이 고리대금업자의 속임수를 폭로하는 것이다. 이 경우는 정의를 주장하는 것이기는 하지만 고리대금업자의 속임수를 증명하기가 쉽지 않을 것이며, 그것을 증명하지 못하면 선택할 대안이 마땅하지 않다는 단점이 있다.
3) 딸은 모든 사실을 알지만 체념하고 아버지를 구하기 위해서 그냥 주머니에서 검은 돌을 꺼낸다.

다음으로 수평적 사고로 접근할 때를 살펴보자. 딸은 주머니에서 조약돌을 꺼낸 후 확인하지 않은 채 조약돌 더미 속으로 던져버린다. 그리고 주머니에 남아 있는 돌을 고리대금업자에게 꺼내도록 하고 "그 돌의 색깔을 보면 내가 꺼낸 돌의 색깔을 알 수 있겠네요."라고 해서 문제를 해결한다.

문제 2) 토너먼트 방식의 유도경기에서 100명의 선수가 우승자를 가리기 위해서는 몇 번의 경기를 치러야 하는가?

수직적 사고: '100명을 반으로 나누어 경기를 하면 50경기, 다시 이 경기의 승자 50명을 반으로 나누어서 경기를 하면' 이런 식으로 계속 계산을 거듭한다.

수평적 사고: '100명 중에 99명은 반드시 한 번 지게 되므로 총 경기 수는 99경기이다.'

문제 3) 공부, 수업, 학점, 과제, 성적 등 단어를 제외하고 학생으로서 자신의 모습을 표현해보자.

3.4

창의적으로 사고한다는 것은 무엇일까?

흔히 우리는 창의적인 사고에 대해 특별한 사람들만 할 수 있는 대단한 능력이라고 생각한다. 하지만 우리는 일상생활 속에서도 끊임없이 창의적인 사고를 하고 있다. 예를 들어 필요한 물건을 구입하고자 할 때 좋은 물건을 싸게 사기 위해 많은 생각을 해본 경험은 누구에게나 있을 것이다. 이것이 바로 창의적인 사고이다. 창의적인 사고는 무에서 유를 만들어내는 것이 아니라 끊임없이 참신한 아이디어를 산출하는 힘이다. 필요한 물건을 싸게 사기 위해서 하는 많은 생각들 역시 창의적 사고라 할 수 있다.

"걸레질하기가 정말 싫었어요. 그래서 스팀과 청소가 한 번에 되는 청소기는 없을까를 생각했습니다." 평범한 주부에서 이제는 연매출 1000억 원대의 중견기업 대표가 된 한경희 대표의 스팀청소기 개발 이유이다. 또 우리가 커피숍에서 흔히 사용하는 주름빨대는 일본의 한 주부가 병상에 누워 있는 아이에게 쉽게 물을 먹이기 위해 개발한 상품이다.

이렇게 창의적인 사고는 노벨상을 수상할 만큼 위대한 것에서부터 한경희 대표나 주름빨대처럼 일상생활의 조그마한 것까지 그 폭이 대단히 넓으며, 우리는 매일매일 창의적 사고를 하고 있다고 볼 수 있다.

1) 창의적 사고의 의미

창의성에 대한 정의는 대체로 인지적 측면, 정의적 측면 그리고 통합적 관점으로 분류할 수 있다.

인지적 측면에서 창의성은 새로운 사고를 생산해내는 능력(Guilford)이며, 인간의 지적 능력의 한 특성이다. 창의적인 사고를 위해서는 확산적 사고가 필수적이며, 이 확산적 사고는 문제 상황에 직면했을 때 다양하고 독특한 생각을 다량으로 산출해낼 수 있는 능력을 말한다.

즉, 인지적 측면에서 볼 때 창의성의 구성요소는 유창성, 융통성 그리고 독창성이다. 유창성은 특정한 문제 상황에서 가능한 한 많은 아이디어나 방안을 만들어낼 수 있는 능력이고, 융통성은 자신의 경험이나 상식을 기반으로 하는 고정적 사고방식에서 벗어나 다른 방식의 접근을 수용하고 이를 응용하는 방식으로 문제의 해결책을 찾아내는 능력이다. 독창성은 기존의 방식과는 다른 자신만의 고유한 아이디어로 새롭고 독특하게 문제를 해결해가는 능력으로 창의적 사고에서의 최고 수준의 사고능력이며 이상적인 목표이다.

창의성을 정의적 특성으로 보는 시각은 창의성을 지적 능력보다는 욕구나 동기 같은 성격의 일부나 태도로 설명하려는 입장이다. 이런 관점에서 보면 창의적인 사람들에게는 공통적으로 개방성, 자발성, 호기심, 모험심 등의 성격적 특성이 있다.

최근에는 창의성이 발현되기 위해서는 인지적, 정의적, 환경적 요인이 통합적으로 작용해야 한다는 통합적 관점이 설득력을 얻고 있다. 통합적 관점에서는 창의성이 확산적 사고뿐만 아니라 수렴적 사고의 특성도 보인다는 점을 강조한다. 즉, 창의성은 단순히 어느 한 요인의 작용이 아니라 여러 요인이 상호 관련되어 작용함으로써 발현된다는 것이다.

이런 분석에 따르면 창의적 사고는 다음과 같이 정의할 수 있다.

- 창의적인 사고는 발산적(확산적) 사고로서, 아이디어가 많고, 다양하고, 독특한 것을 의미한다.
- 창의적인 사고는 새롭고 유용한 아이디어를 생산해내는 정신적인 과정이다.
- 창의적인 사고는 통상적인 것이 아니라 기발하거나 신기하며 독창적인 것이다.
- 창의적인 사고는 유용하고 적절하며, 가치가 있어야 한다.
- 창의적인 사고는 기존의 정보(지식, 상상, 개념 등)들을 특정한 요구 조건에 맞거나 유용하도록 새롭게 조합시킨 것이다.

● 글라이더형 인간과 비행기형 인간

어떻게 사고하고 행동하느냐에 따라서 인간을 글라이더형 인간과 비행기형 인간 2가지 유형으로 나눌 수 있다(도야마 시게히코). 글라이더는 자신의 힘으로 날지 못한다. 누군가 날도록 힘을 가해주면 바람을 타고 날다가 떨어진다. 그에 반해 비행기는 스스로 날 수 있는 동력을 갖추고 있다. 사람도 이렇게 스스로 생각하고 행동할 수 있느냐 없느냐로 구분할 수 있다. 선생님이나 교과서가 끌어주는 대로 공부하는 것에 익숙해서 자신의 힘으로는 새로운 것을 배우지도 지식을 얻지도 못하는 사람은 글라이더형 인간이다. 그에 반해서 스스로 배우고 싶은 것을 찾고 새로운 지식을 발견하고 학습하는 인간이 비행기형 인간이다.

어떤 인간형이 되느냐는 스스로의 선택에 달려 있다. 선생님이 가르쳐주는 것과 교과서에 나오는 것에만 관심을 두면 글라이더형 인간이 되고 만다. 이런 사람들은 어떤 문제에 직면하면 과거에 어떻게 이 문제를 처리했는지를 찾는 데 급급하다. 마치 학생들이 시험을 잘 보기 위해서 족보라는 것을 찾아 헤매는 것과 같다. 이런 인간형은 조금만 문제의 형식이 달라지면 그 문제를 해결하지 못한다. 시험문제의 일부만 바꾸어도 그 문제를 풀지 못하는 학생들이 이런 유형에 속한다.

무술영화를 보면 일정한 패턴이 있다. 제자는 부모님이나 형제의 복수를 하기 위해서 무림의 고수를 찾아 나선다. 그러나 그 고수는 제자로 받아주기를 한사코 거절하고 그러면 제자는 문 앞에서 무릎을 꿇고 받아줄 때까지 돌아가지 않겠다고 떼를 쓴다. 그러면 스승은 비로소 못 이기는 체하면서 제자로 받아들이지만 바로 무술을 가르쳐주지는 않는다. 술심부름에 온갖 잡일을 시키며 머슴처럼 부린다. 그런 수모를 참고 잘 견디는 제자의 모습을 확인한 후에야 비로소 무술을 전수하게 된다. 대부분의 무술영화는 이런 스토리로 흘러간다.

그런데 여기에는 아주 중요한 교훈이 담겨 있다. 배우려는 자에게 아낌없이 가르쳐주는 것은 글라이더형 인간을 만들기 쉽다는 경험으로부터 나온 지혜가 들어 있는 것이다. 스승이 가르쳐주지 않는 것을 훔쳐서라도 배우려는 마음을 먹을 때, 그런 욕구와 간절함이 있을 때 하나를 배우면 열을 깨우치게 된다. 그런 제자는 자신도 모르게 스스로 스승을 넘어서는 새로운 지식과 정보를 습득하는 힘을 가지게 된다. 무술영화에서는 이렇게 비행기형 인간을 기르는 방법을 보여주고 있다.

비행기형 인간이 되려면 가르쳐주는 것을 받아먹으려고 기다리는 사람이 아니라 스스로 지식을 찾아 배우려고 하는 적극적인 자세를 가져야 한다.

예를 들면 많은 학생들이 싫어하는 수학은 원래 사고력을 기르는 학문이다. 단지 주어진 문제를 풀고 해답을 얻는 것이 목적이 아니라 스스로 그 문제에 대해서 고민하고 새로운 문제를 만들어보는 경험이 있을 때 제대로 수학을 배운 것이다. 그리스인들은 수학을 사랑한 민족이다. 늘 '왜?'라고 묻는 삶을 살았기 때문에 인류 역사상 가장 빛나는 문화 중의 하나인 헬레니즘의 기초를 쌓은 것이다. 비행기형 인간이 되려는 노력이 뛰어난 학문과 예술적 성과를 남기게 한 원동력이다.

창의적 사고는 에디터의 눈으로 전체를 디자인하는 사고를 의미한다. 에디터는 잡지 전체의 틀을 정하고 거기에 맞는 콘텐츠를 배치하는 역할을 한다. 각각의 내용을 만드는 것도 중요하지만 전체적인 방향을 설정하고 거기에 맞는 내용을 조합해서 하나의 완성된 결과물을 만들어 가는 과정은 메타인지가 필요한 고도의 작업이다.

상위인지(meta cognition)

상위인지는 자신의 사고 과정을 감시하고 통제하는 사고이다. 자신의 사고 과정을 점검함으로써 똑같은 오류를 범하지 않는다.

원고를 쓰거나 취재를 하고 그림을 그리는 것은 1차적인 창조의 과정이다. 물론 여기에도 창의력이 요구된다. 그러나 이런 것들을 조합해서 더 큰 전체를 완성하는 것은 2차적 창조라고 할 수 있으며 더 넓은 시각과 창의적인 사고가 요구된다. 운동경기의 감독, 오케스트라의 지휘자, 그리고 영화감독 등이 이런 에디터의 역할을 한다고 할 수 있다.

이런 에디터들의 역할은 매우 중요하고 때에 따라서는 결정적이다. 축구의 예를 들어보면 영국 프리미어 리그의 맨체스터 유나이티드를 이끌던 퍼거슨 감독을 떠올릴 수 있다. 퍼거슨 감독이 이끌던 맨체스터 유나이티드는 뛰어난 경기력과 성적으로 전 세계에 많은 팬을 보유할 정도로 전성기를 누렸다. 축구 명가라는 이름에 걸맞은 팀이라는 데 누구도 이의를 제기하지 않았다. 그런데 퍼거슨 감독이 은퇴를 하자 급격히 경기력이 떨어지고 성적도 나빠지기 시작했다. 똑같은 선수들로 구성된 팀이 감독이 바뀌었다고 전혀 다른 모습을 보이는 것에 전문가들조차 놀라움을 표시할 정도였다. 대부분 우수한 선수들을 많이 보유한 팀이 좋은 성적을 낼 것이라고 생각하지만 그렇지 않다는 증거들을 많이 보게 된다. 선수 한 명 한 명의 능력도 중요하지만 그들을 조화롭게 엮고 전략적으로 움직이도록 작전을 수립하고 지시하는 감독의 역할을 다시 한 번 생각하게 하는 사례이다.

음악의 경우도 마찬가지다. 똑같은 작곡가의 곡이라도 지휘자가 어떻게 해석하느냐에 따라 전혀 다른 느낌을 주고, 같은 오케스트라를 누가 지휘하느냐에 따라 연주의 질이 달라지는 것을 보면 에디터의 역할이 얼마나 중요한지 잘 알 수 있다.

인간의 생각도 잡지 에디터나 운동경기 감독과 같은 에디팅(Editing)이 필요하다. 가끔 순간적으로 즉흥적인 생각이 떠오르거나 좋은 착상이 튀어나오기도 한다. 이것은 1차적인 창조 과정에 해당된다. 다른 사람의 생각도 마찬가지다. 이런 즉흥적인 아이디어나 생각을 조합해서 뛰어난 발상으로 만드는 것이 2차적 창조 과정이다. 사고의 에디팅은 여러 종류의 아이디어나 착상 중에서 필요한 것을 취사선택하고 이를 재배열하거나 연결하는 작업이다.

처음부터 창의적인 아이디어를 만들겠다는 욕심이나 부담은 독창적인 사고에 도움이 되지 않는다. 스스로 착안한 생각을 단계적으로 추상화하는 과정에서 독창적인 아이디어로 발전할 수 있다. 단편적인 착상 하나하나는 1차적인 정보이다. 이런 1차적인 정보들을 다른 착상과 연결하고 재조합하는 과정에서 2차적 정보로 가공된다. 이것을 정리하고 추상을 거쳐서 그 수준을 높이면 고차원적인 생각으로 정리된다. 1차적 사고를 더 높은 차원으로 추상화하는 질적 변화가 이루어지면 그것이 철학화의 과정이다. 지적 에디팅은 바로 이러한 추상화, 철학화의 과정이라고 볼 수 있다. 생각을 정리하는 좋은 방법은 글을 쓰는 것이다. 자신의 생각을 일단 쓰고 나서 다시 고쳐 쓰는 과정을 반복하는 것이 생각을 정리하는 데 큰 도움이 된다.

창의적인 사고는 깊은 고민과 연구를 통해서만 나오는 것은 아니다.

우연한 발견을 통해 위대한 창조가 이루어지는 경우도 종종 볼 수 있다. 제2차세계대전 중 미국이 독일의 잠수함에 대항하기 위해서 음파탐지기를 개발하다가 우연히 돌고래의 신호를 탐지하게 된 것이, 돌고래에게 언어가 있음을 인지하게 되고 돌고래의 언어를 연구하는 기폭제가 되었다.

페니실린의 발견 또한 우연한 계기를 통해서 이루어졌다. 1928년 9월 3일 6주간의 여름휴가를 마치고 런던 패딩턴의 세인트 매리 병원 앨름로스 연구소로 돌아온 알렉산더 플레밍 박사는 포도상구균을 배양하던 페트리 접시에서 곰팡이가 핀 주변에 포도상구균이 죽어 있는 것을 발견했다. 곰팡이에서 나온 물질이 세균을 죽인 것으로, 페니실린을 발견하는 순간이었다. 당장 점검에 들어간 플레밍은 세균들이 주변의 푸른곰팡이 때문에 배양되지 못한 사실을 발견했다. 페니실리움 속(屬)에 속한 이 곰팡이가 만들어낸 물질, 즉 '페니실린'은 이렇게 탄생되었다.

플레밍의 실험실로 날아든 곰팡이는 푸른곰팡이의 일종인 '페니실리움 노타툼(Penicillium notatum)'으로 플레밍 자신도 몰랐던 희귀 곰팡이였다. 이 곰팡이는 아래 층에 있던 다른 실험실에서 우연히 바람을 타고 올라온 것이었다. 플레밍은 푸른곰팡이를 이용하여 세균을 죽이는 실험을 계속했지만 항생제로서의 약을 개발하는 데는 실패했다. 그러나 플레밍의 실험 결과를 바탕으로 플로리(Florey, H. W.: 1898~1968)와 체인(Chain, E. B.: 1906~1979)은 페니실린을 정제하고 대량생산하여 환자 치료에 적용했다.

플레밍은 페니실린을 발견한 뒤 "알맞은 시간, 알맞은 장소에 그 곰팡이가 떨어졌다는 것은 마치 복권에 당첨된 것과 같다."고 말했다. 페니실린의 발견은 우연한 기회를 통해서 얻은 것이기는 하지만, 플레밍의 세심한 관찰과 사소한 정보도 흘려버리지 않는 수용적 자세가 만들어 낸 성과이기도 하다.

2) 창의적 사고 기르기

작고 하찮은 일에도 의문을 갖는 것은 매우 중요하다. 누군가 '파리의 비행능력을 비행기에 적용하면 어떻게 될까?'라는 의문을 가졌다고 하자. 파리의 비행능력은 엄청나다. 정지 상태에서 갑자기 날아오를 수 있고(수직이륙), 순식간에(영점 몇 초 사이에) 최고속도에 도달할 수도 있다. 이것을 비행기에 적용한다면 활주로를 주행하지 않고도 이륙할 수 있고, 이륙 후 곧바로 시속 700km의 속도에 도달할 수 있을 것이다. 현실에서 이런 비행기는 존재하지 않는다. 대부분의 비행기는 주행과 가속이 필요하다. 물론 헬리콥터는 수직이륙이 가능하지만 속도가 떨어진다는 단점이 있다. '파리 같은 비행기가 불가능할까?'라는 의문에서 수직이착륙 전투기가 개발되었고, 현재 가벼운 드론에 이런 기술이 적용되고 있다.

생각해보기) 신은 인간에게 피해만 끼치고 귀찮게 하는 파리를 왜 창조했을까?

생태계의 한 부분으로서 파리의 역할을 생각해야 한다. 동물의 사체를 처리하는 파리와 곤충의 역할은 생태계를 유지하는 데 매우

중요하다. 파리를 죽이기 위해 대량으로 살포되는 살충제가 인간
에게 미치는 영향 역시 심각하다.

생각해보기) 모기를 박멸하면 어떤 영향을 미치게 될까?

　사고의 출발은 본질과 논점의 파악이 최우선되어야 한다. 문제해결
과 마찬가지로 사고의 과정도 무엇부터 해야 하는지 우선순위를 정해
야 한다. 이렇게 함으로써 자신의 일에 우선순위를 정하고 일하는 능력
이 길러지게 된다.

　또 우리가 일상에서 부딪치는 문제들은 정답이 없는 것들이 대부분
이다. 최선이 아니면 차선, 그리고 완벽하지는 않지만 대안을 찾아가는
것이 문제를 해결하는 과정이 되기도 한다. 해답은 누군가에 의해 주어
지는 것이 아니라 스스로 생각하고 찾아가는 것이다. 자신은 어떻게 생
각하는지? 왜 그렇게 생각하는지를 스스로에게 질문하고 다시 반문하
는 과정을 통해서 얻어지는 것이 해답이다. 이런 해답을 찾아가는 과정
에서 사고는 유연해지고 성장해간다.

　이런 유연한 사고의 성장을 방해하는 것은 정답이 있다고 믿는 틀에
박힌 생각이다. 우리가 당연하다고 생각하는 그것이 정답이라고 생각하
게 된 것은 그 역사가 길지 않다. 우리가 그것을 망각한 것뿐이다. 지금

우리가 당연하게 받아들이는 근대국가의 개념이 형성된 것도 채 500년을 넘지 않는다. 당연히 늘 있어왔던 것처럼 생각하는 국가는 실제로는 당연하지 않은 개념이었다. 그러나 국가란 무엇인가에 대해 의문을 가져본 사람은 많지 않을 것이다. 우리가 누구나 당연히 다니는 것으로 알고 있는 초, 중, 고등학교도 불과 200년 정도의 역사를 가지고 있을 뿐이다. 기술과 과학의 진보도 이런 당연한 것에 대해 의문을 던질 때 이루어졌다. 다이슨이라는 회사는 100년이 넘은 진공청소기의 '먼지봉투'를 없앴고, 127년이 넘은 선풍기의 날개에 의문을 가져서 날개가 없는 선풍기를 만들었다. "보통 이렇잖아. 그런 생각해본 적 없는데."라고 말하는 것은 사고를 정지시키고 새로운 사고를 방해하는 결정적인 장애로 작용하게 된다.

생각해보기) 우리 주변에서 당연하다고 생각하는 것에 의문을 가져보자.

가. 토론의 힘

비판적 사고와 창의력은 토론을 통해서 길러진다. 토론은 자신이 보지 못한 점을 상대방을 통해서 보게 되는 장점이 있다. 그리고 자신이 의문을 가지고 있었으나 해결하지 못한 부분에 대해서 집단지성을 통해서 해답을 찾게 되는 과정이기도 하다. 자신의 편견이나 갇힌 사고에서 벗어나 다양한 관점에서 생각할 수 있게 되는 계기를 만들어주는 것이 좋은 토론의 강점이다. 따라서 토론을 할 때는 자유롭고 편안하게 의견을 이야기할 수 있는 분위기가 우선되어야 한다. 엉뚱할 수 있는 이야기도 경청하는 토론 문화가 문제해결에 큰 힘이 된다. 토론의 상대가 나보다 지위가 높거나 나이가 많다고 해서 주눅 들거나 나보다 지위가 낮은 사람이나 나이가 어린 상대를 짓누르려는 태도를 지양하고 의문을 느낀 점에 대해 서슴없이 질문하고 자신의 의견에 대한 상대의 질문을 수용하는 자세로 경청해야 좋은 토론이 된다. 때로는 논쟁으로 이어질 수도 있지만 이것은 어디까지나 문제해결을 위한 과정으로 이해해야 하며, 상대방에 대해 좋지 않은 감정을 가지거나 자신에 대한 공격으로 받아들이는 것은 개인이나 조직을 위해서 바람직하지 않다. 이런 불편한 경험이 몇 번 쌓이면 그 조직은 토론이 피상적으로 흐르거나 제대로 된 의견의 개진이 이루어지지 않게 되어 결과적으로 결정적인 오류에 빠질 수 있다. 무엇보다 토론은 문제해결이나 혁신의 과정에 꼭 필요한 도구라는 것을 잊어선 안 된다.

토론을 벌일 때 모든 일에 의문을 품고 그 해답을 찾아가려는 자세와 이를 수용하는 문화가 형성되면 사고력이 높아지는 결과로 이어진다. 반면 토론이 정답을 정해 놓고 형식적으로 이루어지거나 일방의 의견을 설득하려는 과정으로 진행되면 사고의 고착화와 방어적인 사고의 태도를 형성하는 부작용을 낳는다.

나. 'NO'라고 말하기

사고력을 기르기 위해서 필요한 또 다른 자세는 'NO'라고 말하는 것이다. 이것은 부정적인 자세를 말하는 것이 아니다. 세상의 일반적인 상식, 관례, 과거의 성공경험, 오랫동안 전해오는 관습 등 모든 것에 대해서 문제를 제기하는 자세를 말한다. 무조건적인 반대나 상대방을 부정하기 위한 의미가 아니라 본질을 다시 생각하고 그 의미를 되짚어볼 수 있는 기회를 만드는 과정이어야 한다. 물론 NO라고 말할 때는 그 이유를 설명할 수 있어야 한다.

이렇게 당연하게 여겨지는 것에 의문을 갖거나 NO라고 말하는 태도는 사물이나 현상을 다른 관점으로 바라보는 힘을 키우게 한다. 이렇게 다른 시각이 형성되면 다른 사람들이 보지 못하는 것을 볼 수 있게 되고 불가능하게 여겨졌던 일들을 해결하는 대안을 발견할 수 있게 된다. 그것이 기술의 진보이고 사회의 변혁이며 혁신이다.

🔵 모세의 기적을 생각해보자. 과연 성경에 나오는 것처럼 홍해가 갈라지는 모세의 기적이 있을 수 있는 일일까? 이 부분에서 기독교신자와 비신자의 입장은 극명하게 갈릴 것이다. 기독교신자들은 성경의 권위에 기대어 당연히 있었던 일이라고 주장하고, 반면에 비신자들은 대부분 허구에 불과하다고 생각할 것이다. 그러나 이것을 일반적인 상식에 기대지 않고 과학의 눈으로 바라보면 가능성이 없지 않다는 것을 알게 된다. 쓰나미가 일어날 때를 보면 바닷물이 일시에 빠졌다가 거대한 높이로 다시 덮쳐온다. 태풍의 영향으로 이런 현상이 발생하는데 태풍은 전면의 바닷물을 밀어올리고 그러면 다른 지역의 바다 수위는 낮아지게 된다. 쓰나미 발생 시 파도의 높이는 10미터 이상이 되기도 하므로 홍해가 갈라졌다가 다시 이집트 병사들을 덮쳤다는 것도 가능할 수 있다.

다른 관점을 갖는다는 것은 감추어진 이면이나 다른 면을 보려는 자세와 능력을 말한다. 사회적 통념이나 일반적인 도덕관념으로 어떤 사실을 판단하는 것이 정당하지 않을 수도 있으며 다른 시각으로 보면 전혀 다른 사실이 드러날 때도 있다.

영화 〈히말라야〉에서 부상당한 동료를 버리고 온 행위는 정당한지에 대한 판단은 쉽지 않은 문제이다. 부상당한 동료를 데리고 오려고 하다가 둘 다 죽을 수도 있으므로 버리고 온 행위는 어쩔 수 없다고 주장할 수도 있다. 그러나 데리고 오면 둘 다 살 수도 있었으므로 비겁한 행위라고 비난할 수도 있다. 그 결과는 누구도 알 수 없는 것이기에 명확하게 어떤 판단이 옳다고 결론을 내릴 수 없다. 그것이 딜레마다. 이것을 그대로 기업에 적용할 수 있다. 기업의 생존이 위협 받는 상황에서 기업은 해결책으로 어떤 선택을 해야 할 것인지와 같은 상황인 것이다. 모두를 끌고 가다 다 망하는 것보다 정리해고를 해야 한다는 것이 일반적인 기업의 선택이다. 그러나 직원을 포기하지 않고 함께 어려움을 극복한 기업의 사례도 적지 않다.

생각해보기) 지하철 플랫폼에서 술에 취한 승객이 굴러떨어지는 사건이 발생했다. 이 사람을 구하려고 누군가가 뛰어들었고 불행하게도 두 사람 모두 플랫폼으로 진입하는 열차에 치여 사망하고 말았다. 이런 경우 보통 우리는 술에 취한 승객을 구하기 위해 뛰어든 사람을 의인이라고 부르고 그 의협심을 높이 칭찬한다. 만약 이런 상황에 아무도 철로로 뛰어들지 않았다면 주변에 있었던 사람들에게 비난이 가해질 수 있다. 철로에 뛰어든 사람을 칭찬하는 것이 옳을까? 뛰어들지 않은 사람들을 비난하는 것이 옳을까?

생각해보기) 어느 한 청년이 사막을 건너고 있다. 그의 물통에는 다음 마을에 도착할 때까지 필요한 아주 적은 물밖에 남지 않았다. 그런데 도중에 사막에서 방향을 잃고 헤매다 지친 여행자를 만났다. 이 여행자는 며칠 동안 물을 마시지 못해서 그대로 두면 목이 말라 죽을 것이다. 여행자는 청년에서 간절하게 물을 나누어줄 것을 부탁했다. 이때 청년은 어떻게 해야 할까? 물을 나눠주면 청년은 다음 마을에 살아서 도착하지 못할 수도 있다.

이 사례의 경우 '신이 왜 인간을 세상에 보냈을까?'를 중심으로 생각하면 자신의 목숨을 버리면서까지 다른 사람의 목숨을 구하는 것은 정의가 아니다. 자신이 죽을지 모르는 상황에서 물을 나누어주라고 하는 것은 감정적인 선택이다. 감정으로 인해서 사고를 정지시키는 것은 위험한 판단으로 유도하게 될 가능성이 높다.

다. 좌뇌와 우뇌에 대한 오해

우뇌는 경험의 요지나 종합적 개념을 기억하는 경향이 강하고 좌뇌는 세부적인 내용을 기억하는 경향이 강하다. 그러나 이것은 경향일 뿐 뇌의 기능은 복합적이다. 따라서 뇌가 특정한 기능을 하기 위해서는 좌뇌와 우뇌가 동시에 작용해야 한다. 특히 직관과 분석을 수행하기 위해서는 좌뇌와 우뇌가 협력적으로 작용해야 한다. 그러므로 혁신적인 사람은 우뇌가 발달한 사람이라는 기존의 인식은 잘못된 것이고, 우뇌와 좌뇌를 활성화시켜서 창의적 사고를 최적화하는 데 능숙한 사람이라는 것이 보다 적절할 것이다. 이러한 혁신적인 능력은 하루아침에 생기는 것도 아니고 이를 유지하고 발전시키기 위한 꾸준한 노력이 필요하다.

● **뇌의 혁신적 능력을 높이는 조건**

- 새로운 아이디어를 포착하기

- 어려운 과제에 몰입하기

- 지식 확장하기

- 활력을 주는 사람 및 장소와 상호작용하기

사례) 캘리포니아 오렌지카운티 공무원 74명을 대상으로 위의 4가지 핵심영역을 훈련한 결과 8개월 후 새로운 아이디어가 55% 증가하여 60만 달러의 신규수입을 올렸다. 또한 혁신적인 비용절감 아이디어로 350만 달러의 예산을 절감할 수 있었다.

창의성을 요구하는 과제 수행 시 기억력, 사고력 등의 고등행동을 관장하는 전두엽이 하향 조절되는 특성을 보이는데, 이는 여러 아이디어 사이의 연관관계를 더욱 쉽게 파악하기 위해서 다양한 뉴런 네트워크의 자유로운 상호작용을 촉진하게 된다.

예 재즈연주자가 즉흥연주에 돌입하는 순간 배외측 전전두피질을 선택적으로 비활성화하여 논리와 추론을 담당하는 억제적 뇌 영역이 제대로 작동하지 않는다. 악보를 독창적으로 조합하여 연주하는 능력이 발현되는 것이다.

● **혁신적 해법의 두 단계**

① 눈에 잘 띄지 않는 모호한 특징 파악

② 그 특징을 기반으로 한 해법 구축

● GPT(General Parts Technique, 범용부품기법)

기능적 고착을 극복할 수 있도록 일상의 물건에 대해 이미 아는 정보를 재해석하도록 하는 방법. 사용자에게 어떤 물건의 각 부분에 대해 재료, 크기, 형태를 감안하되 기능과 무관한 설명을 적도록 하는 훈련이다.

예 전기플러그 접속단자(110V의 경우): 스크루 드라이버 사용 가능, 기능과 무관한 설명을 만들어낸 경로를 수형도로 작성하면 통상적 기능의 이면을 꿰뚫어볼 수 있음.

● 어린아이가 더 창의적인 이유

나이를 먹을수록 충동을 억제하고 주의를 집중하는 능력이 어렸을 때보다 더 발달하기 때문이다. 뇌의 발달은 '실행기능(행동의 계획, 주의, 추론, 억제, 감시 등을 포함하는 인지 과정)'을 관장하는 뇌 영역인 전전두엽의 밀도와 양을 확대시킨다. 실행기능은 일부가 불쑥 떠오르는 엉뚱한 생각(변덕스러운 교수를 창문 너머로 밀어버리고 싶다는 생각 같은 것)을 억누른다.

관련된 실험으로 성인을 대상으로 자신을 7살로 상상하라고 했을 때 그렇지 않은 집단에 비해 더 창의적으로 생각한다는 결과가 나타났는데, 자신이 어리다고 생각하면 실행기능의 작동을 억제하는 것으로 밝혀졌다.

나는 얼마나 창의적일까?

① 빈 종이컵을 활용하는 방법을 생각나는 대로 서술해보시오.

② 다음은 미완성 그림이다. 이 미완성된 그림의 나머지를 그려서
완성하시오.

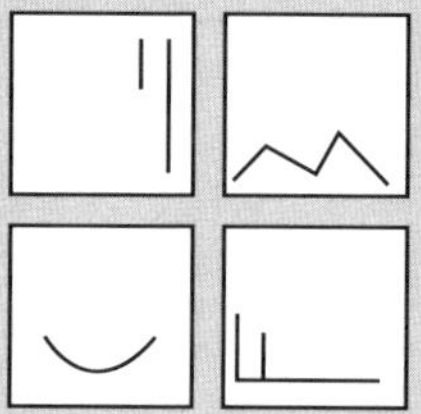

③ 성냥개비로 아래 그림과 같이 정사각형을 만든다. 이 그림에 몇
개의 성냥개비를 더 사용해서 모양이나 크기가 똑같은 네 개의
그림으로 나누어보라. 여러 가지 모양을 만들 수 있으므로 될 수
있는 대로 많이 만들어보자. 성냥개비는 몇 개를 더 사용해도
좋다.

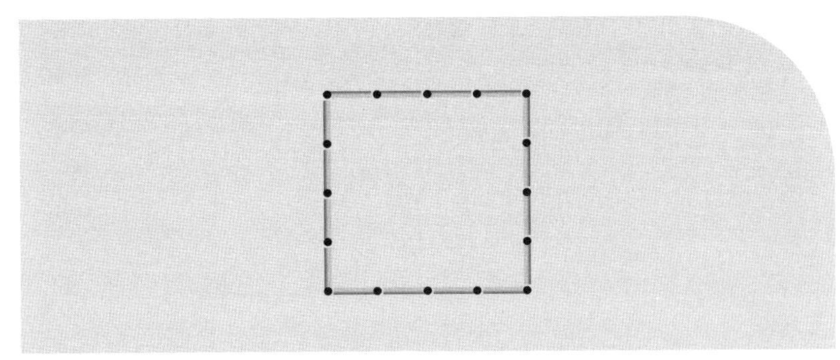

3) 창의적으로 사고하는 사람들의 사고 과정

창의적인 사람들은 새로운 생각에 대한 모험을 두려워하지 않고, 어떤 문제 상황을 해결할 때 이성적으로 접근한다. 창의적인 생각은 틀에 박힌 문화나 경직된 환경에서 나오지 않는다. 또한 창의적 사고는 경계를 넘나드는 자세에서 길러진다. 대부분의 사람들은 익숙한 것에서 편안함을 느낀다. 그래서 다른 것을 쉽게 받아들이지 못한다. 그러나 비슷한 것끼리는 서로 긍정적인 영향이나 변화를 촉발하기 어렵다. 생물학적으로 동종교배(Inbreeding)와 근친상간은 유전적으로 허약한 자손을 생성하는 것으로 알려져 있다. 근친 간 혼인을 막는 관습은 이런 경험을 통한 과학적 근거에 기초하고 있다. 이미 아는 것을 재인식하는 태도, 모르는 것을 이해하려는 노력, 그리고 전혀 새로운 세계로의 도전이 창의적인 생각을 만들어낸다.

일반적으로 창의적인 아이디어들이 쏟아질 것이라고 생각하는 브레인스토밍에서는 기대만큼 좋은 아이디어가 나오지 않는다는 것을 경험하게 된다.

생각해보기) 다음의 브레인스토밍 실험에서 어떤 경우에 더 독창적인 아이디어가 나올까?

① 집단으로 모여 있는 엄격한 분위기

② 틀린 답 말하기, 뒤집어 생각하기

● 코튼워시(Cot'n Wash) 사례

1980년대 한 기업주의 아내가 스웨터가 누렇게 변색되거나 늘어나지 않는 세제를 개발하여 창업했다. 30년 후에는 아들인 조녀선 프로퍼의 아내가 세탁을 하다 통이나 상자에 든 액체세제나 분말세제를 일일이 계량해서 세탁기에 넣는 것이 귀찮다는 것에 착안해 미리 정량으로 만들어진 세제를 개발했다. 혁신적인 아이디어는 브레인스토밍으로 얻어지지 않는다는 것을 잘 보여주는 사례이다.

● 구글의 사례

구글이 직원들의 창의적인 아이디어를 자극하기 위해서 도입한 원칙은 탐구, 조용한 시간(Quiet time), 무작정 놀기이다. 구글만의 독특한 업무방식에는 '20% 시간제'가 있다. 이것은 근무시간의 20%를 흥미가 당기는 프로젝트에 투입하도록 하는 혁신여가 시간제이다. 실제로 구글에서 새로 출시하는 제품의 절반 정도는 혁신여가 시간제의 산물이다. 어떻게 보면 구글의 창의적인 인재들은 구글의 창의적인 기업문화에서 나오는 것인지도 모르겠다.

정말 하고 싶은 일에 몰입하면서 시간을 보내면 이후 기분에 무관한 과제나 기분을 상하게 하는 과제가 주어져도 자신의 기분과 관심을 유지하기 위해서 업무를 혁신적으로 바꾼다는 연구결과가 있다. 전략적 직관력을 발휘하고 싶다면 그동안 치열하게 고민하던 주제를 내려놓고 머릿속을 텅 비우는 일이 필요하다.

● **창의적인 사고에 도움을 주는 행동**

① 명상하기: 명상을 하고 나면 학습과 기억에 중요한 영역인 해마부의 회백질이 증가한다. 명상을 하면 습관적이고 정형화된 사고와 행동에서 빠져나와 세상을 바라보는 새로운 관점을 형성할 가능성이 높아지고, 그런 관점을 토대로 새로운 대응방법을 만들어낼 수 있는 능력이 길러지게 된다. 단, 어떤 생각에 너무 푹 빠져들면 안 된다.

② 시간을 두고 생각하기

③ 충분한 수면

④ 운동하기: 운동과 영화관람은 모두 혁신적인 사고를 높여주지만 운동 후에는 긍정적인 기분을 높여주는 반면 영화관람 후에는 긍정적인 기분이 저하된다.

⑤ 은유는 참신하고 뛰어난 아이디어 창출에 도움이 된다.

가. 인간은 모두가 똑똑해질 수 있다

스탠퍼드 심리학교수 캐롤 트웩은 인간은 누구나 창의적이며 똑똑해질 수 있다는 것을 실험으로 증명해보였다. 1978년 10살의 아이들을 대상으로 실험을 시행했는데 이 실험은 12문항의 시험을 치르는 실험이었다. 처음 8문항은 주의력과 사고력을 시험하는 문제였고, 나머지 4문항은 그 또래의 어린이가 주어진 시간 내에 해결하기 어려운 문제였다.

이 실험에서 아이들은 2가지 반응을 보였다. 한 부류의 아이들은 '내가 풀기에는 너무 어려워, 나는 그만큼 영리하지 않아.'라며 포기했는데, 이 아이들을 fixed mind set라고 정의했다. 다른 부류의 아이들은 '조금만 더 노력하면 어려운 문제도 풀 수 있을 거야.'라며 도전했는데, 이 아이들은 growth mind set로 정의했다. 결과적으로 도전하는 아이들이 새로운 접근 방법을 찾아내었다. 실제로 이 두 집단의 자질은 거의 차이가 없었고 오히려 포기한 아이들 중 더 뛰어난 지능을 가진 아이가 있었다. 그럼에도 불구하고 차이를 보인 것은 아이들이 지능을 고정적으로 보는가 유동적으로 보는가에 따라 문제를 푸는 태도가 달랐기 때문이다. 이 실험이 보여주는 것은 타고난 지능이 그 사람의 사고력을 제한시키지는 않는다는 점이다. 오히려 그 사람이 어떤 태도를 가지는가가 그 사람의 사고력을 발전시키거나 고정시키는 것을 결정한다. 따라서 누구나 창의적이며 똑똑해질 수 있다.

나. 기존의 연구성과나 자료를 깊게 파고 들어가라

고정된 틀에서 벗어나 창의적인 아이디어를 만드는 사람들의 특징은 기존의 자료를 관심 있게 살펴보는 것이다. 이런 자세가 과거 자료의 모순점을 발견하고 더욱 깊게 파고 들어가 전에 지나쳤던 중요한 요소를 발굴할 수 있게 한다.

● **과거 자료의 활용방법**

① 회사 내부에서 이 자산과 다른 자산을 하나로 묶으면 어떤 일이 벌어질까? 회사 외부에서 그런다면?

② 본래의 의도대로 활용할 수 없어서 다른 용도로 활용한다면 맨 처음 할 일은?

③ 이 자산의 활용을 막는 장애요인은? 전략의 초점이 너무 좁거나 넓은 것은 아닐까?

④ 이 자산은 당초 예상한 편익 이상을 소비자에게 제공할 수 있는가? 소매업자에게는?

⑤ 새로운 기술에는 없는 낡은 기술만이 가진 잠재력을 찾을 수 있는가?

● **기존의 자산을 참신한 방법으로 재배치한다**

① P&G(프록터 & 갬블)

중국 출신 여성연구자 류는 개발도상국에서 쉽게 얻기 힘든 물을 많이 사용하지 않고도 몸을 씻을 수 있는 보디클렌저 아이디어를 제출했다. 이 제품은 다른 비누거품과 달리 쉽게 씻기는 거품을 만드는 기술이 필요한데 마침 이 기술은 P&G의 기존 모발염색제에 기반하고 있어서 개발비 투자가 적다는 이점이 있었다. 이렇게 기존의 자원을 잘 활용하면 새로운 제품을 만들 수 있다.

② 멀로리 K. 칼만의 딸꾹질 치료방법 사례

13살이던 소녀는 2012년 딸꾹질로 한바탕 고생한 후 참신한 치료 방법을 고민하게 되었다. 인터넷을 통해서 딸꾹질 관련 자료를 수집하던 중 설탕을 혀 뒤쪽에 묻히는 방법과 사과즙 발효식초가 식도의 신경을 강하게 자극해서 딸꾹질이 뇌에 전달하는 메시지를 취소시킨다는 식초 활용법을 바탕으로 롤리팝을 활용한 딸꾹질 치료제 Hiccupops를 개발했다.

롤리팝은 이미 약물전달시스템으로 활용되고 있었다. 진통제 펜타닐을 롤리팝에 묻혀 빨아먹게 해서 환자의 체내에 서서히 퍼지도록 하는 요법이었다. Hiccupops는 낡은 도구(막대사탕)와 기존의 자원(설탕과 식초)을 결합시켜서 전혀 새로운 개념의 제품을 만들어낸 것이다.

● 성공하거나 실패한 경험으로부터 새로운 기회를 잡는다

① 포스트잇

3M 연구원 스펜스 실버는 실수로 접착력이 약한 풀을 만들었지만 못 쓰는 것으로 버리지 않고 주기적으로 친구와 동료에게 쓸모가 있을지를 묻곤 했다. 세월이 흐른 후 친구 아트 프라이가 성가집에 끼워 놓은 책갈피가 자꾸 빠지는 것이 귀찮다며 끈적이는 종이가 있었으면 좋겠다는 말을 했고, 이것이 포스트잇이 탄생하는 계기가 되었다.

② World-Wide-Web

팀 버너리스가 당초 계획한 것은 Hypertext Format용 protocol을 만드는 것이었다. 연구 성과를 공유하고자 하는 연구자를 돕기 위한 목적이었으나 평범한 소비자와 연결되면서 소비자의 필요와 목적, 욕구에 부합하는 방향으로 수정되었다. 이렇게 사용이 확대되고 일반적인 이용이 늘어나자 구글 창업자 세리게이 브린과 래리 페이지는 어떤 웹페이지가 얼마나 링크되었는지가 선거의 득표수처럼 그 내용의 충실도를 보장해준다는 개념을 생각해내고 그것을 바탕으로 페이지 링크를 만들었다. 이것이 구글의 독창적인 알고리즘이다.

다. 다양한 정보를 수집하고 활용한다

노벨 경제학상 수상자인 다니엘 카너먼은 WYSIATI(What You See Is All There Is) '눈에 보이는 것이 전부'라는 말을 만들었다. 이것은 인간은 한정된 증거를 토대로 성급하게 결론을 내리는 경향이 있음을 강조한 말이다. 사람들은 자신이 세상에 관해서 많이 안다고 스스로 과대평가한다. 이런 성향은 중요한 새로운 정보를 불필요한 것으로 판단하여 간과하게 만든다. 다양한 정보에 관심을 가지고 세부사항과 증거에 꼼꼼한 주의를 기울여야 새로운 정보가 주어졌을 때 수용 가능한 능력을 갖추게 된다. 제한된 정보만을 꼭 알아둬야 하는 전부라고 여기면서 그것으로부터 아주 그럴듯한 논리를 만들어내고 그것이 설득력이 있을수록 더욱 더 기정사실화하려고 하는 특성이 있다. 필수적으로 고려해야 할 요소가 적을수록 그 논리는 더 잘 만들 수 있다.

실습) 말 전달 게임

5~6명을 한 조로 구성한 후 특정한 단어를 떠올리고 이를 차례로 설명해서 정확하게 전달하시오. 단, 그 단어를 사용하면 안 된다.

가. '빠르게'의 콘셉트를 응용한 사례

① 바로드림서비스

인터넷 서점의 성장으로 전통적인 오프라인 서점이 타격을 받게 되었다. 온라인 쇼핑의 장점은 가격이 싸다는 것과 번거롭게 서점에 직접 가지 않아도 된다는 것이다. 반면에 책을 사고도 바로 받지 못하고 택배를 기다려야 한다는 단점이 있다. 이런 점에 착안해 오프라인 서점에서 '바로드림'이라는 서비스를 개발했다. 이 서비스는 온라인 서점처럼 가격을 할인해주고 미리 주문하면 근처의 서점에서 책을 바로 받을 수 있도록 해서 온라인 서점과 차별화를 추구해 성공을 거둔 사례이다.

② 스페인 의류브랜드인 ZARA는 대표적인 디자인-생산-판매 일괄업체(SPA)이다. 이 회사는 현대의 트렌드인 빠른 소비패턴과 남과 다른 나만의 패션욕구를 추구하는 추세에 맞추어 새로운 비즈니스 모델을 도입했다. 프로젝트 매니저들이 전 세계 매장과 매일 통화하면서 소비자의 반응을 체크한다. 이 과정에서 실시간으로 패션 트렌드를 파악하는 것이다. 이를 바탕으로 디자이너 영업팀이 신상품을 디자인한 후 재단사가 즉석에서 옷본을 재단하고 제작해서 재봉사에게 보내면 견본품이 완성되는데 여기까지 두 시간 정도가 소요될 뿐이다. 결정 과정과 업무 전달체계의 단순화로 가능해진 빠른 업무처리 방식이다.

견본을 검토한 후 생산 여부가 결정되면 옷에 대한 정보가 공장으로 전송되고 바로 생산이 이루어진다. 이렇게 생산된 옷은 물류센터로 보내지고 주 2회 항공기로 운송되어 68개 국가의 각 매장에 전달된다. 이렇게 해서 3주마다 매장 내 대부분의 옷들이 완전히 교체되고 ZARA는 늘 새로운 패션 트렌드를 추구할 수 있게 된 것이다.

나. 전화위복의 사례

프라자호텔의 사례를 보자. 2002년 한일 월드컵 당시 시청 앞 광장은 늘 대규모 응원전이 열렸다. 월드컵 열기로 시청 앞 광장에 몰려든 인파로 인해 가장 피해를 본 것은 광장 앞의 프라자 호텔이다. 대규모 인파와 응원소리로 인해 많은 외국인 투숙객들이 예약을 취소해서 심각한 피해를 보게 된 상황이 발생했던 것이다. 이때 한 직원이 낸 아이디어가 프라자호텔을 위기에서 구하고 오히려 기회로 전환시켰다. 응원하러 나온 한국인들을 대상으로 응원패키지를 팔아서 취소된 예약을 만회할 뿐만 아니라 전실을 매진시키는 성공을 거둔 것이다.

생각해보기) 주변에서 위기를 겪고 있는 사람, 기업, 조직을 찾아보고 극복방안을 제시해보자.

다. 피드백(Feedback)을 활용한 사례

지금은 널리 사용되고 있지만 교통카드가 초기에 보급되었을 때는 몇 가지 불편한 점 때문에 서비스의 확산을 가로막는 원인이 되었다. 그 중 하나가 티머니카드를 일반용과 청소년용으로 구분해서 발급하는 문제였는데, 승객이 카드를 접촉할 때 제대로 된 카드인지를 확인하려면 버스 운전기사가 일일이 카드의 종류를 살펴보아야만 했다. 이 문제를 해결한 것은 카드를 접촉했을 때 단말기에서 피드백하는 간단한 기술을 응용한 방법이었다. 일반용은 단말기를 찍을 때 '삐' 소리가 한 번만 나고, 청소년용은 '삐' 소리가 두 번 나게 해서 부정사용을 막은 것이다.

생각해보기) 피드백을 활용한 비즈니스 모델을 찾아보자.

라. 셀프서비스(Self-service)

우리 생활에서 셀프서비스는 이제 일반화된 것이지만, 패스트푸드점에 처음 셀프서비스가 도입되었을 때만 해도 많은 사람들이 거부감을 표시했었다. 이제는 남녀노소를 가리지 않고 꽤 익숙해졌고 셀프서비스를 도입한 업종도 초기에는 상상할 수 없을 정도로 늘었다. 대표적으로는 자판기, 커피전문점, 철도승차권 자동발매기, 주유소 등을 들 수 있고, 음식점에서도 물이나 반찬 서비스에 일부 셀프의 개념을 도입하기도 한다. 얼마 전 국내에 진출한 스웨덴의 세계적인 가구업체 IKEA도 손님이 가구를 직접 조립하는 셀프서비스 방식으로 가격을 낮추었고, 일본 라면집에 가면 자판기에서 식권을 사서 주문하는 모습을 흔히 볼 수 있다.

생각해보기) 셀프서비스를 도입할 수 있는 분야를 찾아보자.

마. 복제 및 대체 수단의 사례

깊이 땅을 파고 들어가면 통풍이 잘 되지 않아 갱도 내에 유독가스가 차게 되고, 광부들이 유독가스에 중독되어 사망하는 사고가 잦았다. 그래서 카나리아를 이용하게 되었는데 카나리아는 유독가스에 민감하기 때문에 유독가스가 발생하면 분주하게 지저귀고, 카나리아가 그런 이상 반응을 보이면 광부들은 급하게 탈출해서 목숨을 구했다고 한다. 유독가스를 감지하는 대체 기술이 카나리아였던 셈이다. 현대에는 사람이 작업하기 어려운 환경이나 장소에 로봇을 투입하는데 용광로나 원자로 수리, 하수구 점검 등에 활용한다. 요즘 관심이 높아지고 있는 무인기(드론) 기술도 이런 대체 수단의 일종이다.

바. 없애거나 다시 살려낸 사례

없애거나 다시 살려내는 것이 중요한 문제해결의 수단이 될 수도 있다. 그 대표적인 것이 도시재생의 사례이다. 브라질 남동부 파라나주(州)에 위치한 도시 쿠리치바는 독특한 대중교통 시스템으로 도시를 다시 살려낸 것으로 유명하다. 우리나라의 버스전용차로제도 쿠리치바의 사례를 참고한 것이다. 쿠리치바에는 지하철이 없는 대신 매연 없는 전기 엔진으로 움직이는 빨간색의 대형 굴절버스가 각 노선별로 승객들을 실어 나른다. 차량 3칸을 이어 만든 이 버스는 시속 30km 정도로 달리는데, 정원이 270명이고 출입문이 5개나 돼 빠른 시간 내에 많은 손님들을 태울 수 있다.

쿠리치바의 우수한 점은 도시의 삶을 재생하고 있다는 것이다. 쓰레기 분리수거와 빈민층 지원을 절묘하게 결합한 서비스인데, 쿠리치바 시청은 쓰레기를 모아오는 주민들에게 쓰레기 5kg당 식량 자루를 하나씩 나눠 준다. 이 자루 안에는 쌀과 콩, 오렌지 등 각종 곡물 및 야채들이 담겨 있다. 아이들도 폐휴지나 깡통, 플라스틱 등 재활용품을 모아다 시청에 갖다 주면 책이나 장난감으로 바꿔 준다. 이 정책의 시행으로 빈민들에게 경제적 편익을 제공하고 쓰레기를 줄일 수 있었을 뿐만 아니라 주변 농촌지역의 잉여생산량 흡수에도 큰 도움이 되고 있다.

'독일의 환경수도'로 불리는 프라이부르크도 도시 재생 사례로 주목할 만하다. 독일 남부 바덴뷔르템베르크 주(州)에 있는 인구 21만 명 규모의 소도시 프라이부르크는 독일 남부지역의 유명한 삼림지대인 '슈바르츠발트(Schwarzwald, 흑림)'의 관문도시로 도시 전체 면적의 40%가 숲으로 덮여 있다. 흑림(黑林)이란 이름은 나무가 빽빽이 들어차서 햇볕이 들지 않아 깜깜할 정도인 것에서 유래됐다고 한다. 1970년대 대기오염과 산성비로 슈바르츠발트가 훼손되자 프라이부르크 시민들과 지역 환경단체들은 숲을 살리기 위해 머리를 맞대었다. 그래서 나온 방안이 자가용 대신 자전거를 이용하고 태양광을 활용하는 것이었다.

프라이부르크는 1972년부터 도심상가에 상품반입 때를 제외하곤 자가용 진입을 엄격히 금지했다. 대신 독일 최초로 자전거 전용도로를 만들어 시민들이 자전거 사용을 활발하게 할 수 있도록 지원했다.

 4차산업혁명, 문제해결력이 정답이다

프라이부르크는 '태양의 도시'란 별명이 있을 정도로 태양열에너지를 적극적으로 활용하고 있다. 그 계기는 1975년 독일 정부가 시 외곽 20km 지점에 원자력 발전소 건립계획을 발표하면서부터였다. 지역 농민들을 중심으로 대대적인 원전 반대운동을 벌였고 결국 원전 건설 계획은 백지화됐다. 대체 방안으로 태양광 활용을 도입했고 프라이부르크엔 태양광발전소가 60곳, 태양에너지를 이용하는 난방 및 전기장비를 설치한 건물이 1000여 개에 이른다.

없애는 방법을 도입한 사례는 인체 내에서 녹는 수술용 봉합사를 들 수 있다. 예전에는 감염에 대한 대책이 없어 수술로 상처를 봉합한 뒤 매듭을 지어 짧게 자르는 요즘과 달리 실 꼬리를 길게 남겨 절개 부위 밖으로 노출시켜 놓았다. 어차피 상처는 감염되기 마련이므로 나중에 실이나마 쉽게 빼내려는 의도였다. 이런 수술 광경을 바꾼 것이 영국의 외과의사 조세프 리스터였다. 그는 수술 부위는 물론 의사들의 손이나 기구까지 모두 석탄산으로 소독하는 '방부법(防腐法)'을 개발했는데 긴 실 꼬리를 밖으로 내놓는 것만은 어쩔 수 없었다. 몸속에 이물질로 남아 염증의 원인이 되는 봉합사(縫合絲)를 회수할 방도가 없었기 때문이다. 이 문제를 해결하려면 몸속에서 저절로 흡수되는 실이 필요했다.

리스터가 착안한 것은 액체에 녹는 장선(腸線)으로 만든 실이었다. 현악기의 줄이나 테니스 라켓 등에 사용되던, 동물의 내장으로 만드는 장선은 튼튼했고 값도 쌌지만 용액 속에서 24시간 이내에 녹아버리는 것이 문제였다. 상처가 아물기 전에 혈관을 묶은 매듭이 풀어지지 않도록 수술에 사용하려면 최소 2~3주는 녹지 않아야 했다. 도살장에서 구입한 동물 혈장에 장선을 넣어보는 실험을 계속한 리스터는 석탄산에 1년

쯤 담가 놓았던 장선이 잘 녹지 않는다는 것을 발견했고, 가죽을 단단하게 만드는 데 크롬산이 쓰인다는 사실도 알게 되었다. 리스터는 결국 크롬산과 석탄산 혼합용액에 장선을 담그는 방법으로 수술용 장선 봉합사의 제조 기간을 이틀로 줄이는 데 성공했다. 바이올린과 비슷한 옛 악기 키트(kit)와 소화관을 의미하는 거트(gut)가 합쳐져 변화한 말인 캣것(catgut), 즉 장선은 오늘도 내장의 봉합에 사용되고 있다.

피카소는 정말 창의적 사고를 했을까?

일반적으로 창의적인 영역이라고 생각되는 예술에서 창작력은 전혀 새로운 시도만을 의미하지는 않는다. 창작력이란 어떤 면에서는 각색능력이다. 배우는 것은 모방의 과정이라는 말과도 맥이 통한다.

실제로 2015년 1965억 원으로 최고 경매가를 기록한 피카소의 〈알제의 여인들〉은 들라크루아의 〈알제의 여인들〉로부터 영감을 받은 작품이었다. 표현의 행위는 모든 것을 흡수해서 그것을 자신의 혼(생각)으로 재구축한 결과이다. 이것 또한 에디팅을 거친 결과물이라고 할 수 있다. 이런 재구축의 과정을 통해 기본이 되는 요소나 원래의 발상은 그 형체가 사라지고 새로운 화합물 속에 녹아 전혀 다른 것으로 재탄생하게 된다. 마치 우리가 음식을 먹으면 음식의 재료가 무엇이든 위에서 소화된 후에는 원래의 형체가 남지 않는 것과 마찬가지이다. 재해석이나 재구축의 과정을 통해 원작이나 원천 아이디어는 자신의 사고 속에 흡수되는 것이다.

피카소는 원작을 완전히 소화해 전혀 다른 새로운 것으로 표현했으며, 이런 과정을 "원작으로부터 벗어나기 위해서는 완전히 마스터하고 비판적인 관점으로 봐야 한다."고 하면서 필요한 요소를 다음과 같이 정의했다.

① 순박하게 받아들인다.

② 완전히 자기 것으로 만든다.

③ 독창성을 보인다.

그리고 창작을 위해서 몇 가지 자신만의 원칙을 지켰다.

① 본 것의 본질을 정확히 파악한다.

피카소는 데생능력이 뛰어난 것으로 잘 알려져 있는데, 사물을 정확히 파악하기 위해서는 데생이 중요했기 때문인 것으로 보인다. 실제 피카소는 한 대상을 소재로 여러 작품을 그린 것으로도 유명한데 이 과정에서 수많은 데생과 단순화 작업을 거치며 철저하게 본질을 파악하려고 노력했다. 그것이 추상의 과정이다.

② 폭넓은 기법을 철저히 연습해서 통달한다.

다양하고 창의적인 실험과 시도를 하려면 하나의 기법에 얽매여서는 곤란하다. 폭넓은 기법을 익히는 것은 다양한 시도를 위한 준비 단계이다.

③ 지금의 스타일에 머무르지 않고 계속 발전시킨다.

자신을 진화시키려는 강한 의지와 실현하는 용기를 갖고 다양한 스타일을 시도한다. 창의적인 사고는 새로운 시도를 통해서 유지되고 발전한다.

④ 거침없이 상상했던 것을 시험해본다(타 분야에 응용).

응용은 대단한 상상력이 요구되므로 고정관념을 털어버리고 다른 분야에도 상상력을 갖고 거침없이 도전한다.

⑤ 일관적으로 연속해서 작업해 나간다.

여러 가지 스타일을 시도하면서 복선이나 연속성을 갖고 자신에게 맞는 것을 확립해 나간다.

창의성을 키우는 이스라엘 사회의 특징에 주목하라

　우리가 일상적으로 사용하는 GPS, POS, set-top box 기술은 이스라엘이 그 특허를 가지고 있으며, 특허료를 지불하고 사용 중인 것들이다. 이스라엘은 보안 분야에서도 세계에서 가장 뛰어난 기술을 보유하고 있는데, 인터넷의 확산과 온라인 및 모바일 비즈니스의 폭발적인 성장으로 보안 기술의 중요성과 비중이 날로 높아지고 있는 추세를 감안한다면 그 잠재력은 대단하다고 할 수 있다. 이렇게 이스라엘은 미국의 도움을 등에 업고 중동의 큰 나라들을 6일 만에 제압한 군사강국일 뿐만 아니라 창의적이고 핵심적인 기술력을 보유하고 있는 경제강국이기도 하다.

　이스라엘이 이렇게 성장하게 된 배경에는 장기적이고 전략적인 국가 성장 계획과 이스라엘만의 오랜 창의적 교육 전통과 사고 훈련이 자리 잡고 있다. 이스라엘의 대표적인 대학인 히브리대학은 특허수입만으로 연간 10억 달러 이상을 벌어들이고 있다. 전 세계 인구 중 유대인은 겨우 0.25% 정도지만, 이런 유대인이 노벨상의 22%를 수상했다는 것은 놀랍기만 하다. 이런 놀라운 성과를 분석한 대부분의 학자들은 그 배경을 유대민족의 독특한 교육과 그로부터 길러지는 비판적인 사고력과 창의력이라고 꼽았다.

사막의 작은 나라 이스라엘이 생존을 넘어 번성하고 있는 이유는 체계적인 국가전략과 기술 투자 때문이라고 할 수 있다. 60년대에는 물 부족을 해결하기 위해 바닷물을 담수화하는 기술에 집중투자한 결과 담수화 특허를 보유했다. 70년대 오일쇼크를 겪으면서는 에너지원의 자주적인 확보를 위해서 원자력 기술 특허를, 90년대에는 인터넷 보안 기술에 집중투자해서 전 세계 인터넷 보안 기술의 원천기술 80%를 보유하고 있는 보안 기술 강국이기도 하다. 그 외에도 역삼투압 기술을 적용해 하수도 재사용율이 70%가 넘는 국가이기도 하며, 사막 밑바닥 암반층에 물을 가두어 놓고 안에 물고기를 길러 그 배설물로 유기농사를 짓는 발상으로 농업 기술의 혁신을 이루었다. 이 물고기가 우리나라에도 수입된 향어(이스라엘 잉어)이다.

이스라엘하면 떠올릴 수 있는 것이 사막에 스프링클러를 설치해서 농사를 짓는 모습이다. 그러나 여기에는 놀라운 비밀이 숨겨져 있다. 그 스프링클러로 공급되는 물을 어떻게 확보하느냐 하는 것이다. 사막이라는 특성상 스프링클러로 뿜는 물의 40%가 증발한다. 당연히 이것은 비효율적이다. 물을 절약해도 모자랄 사막에서 물을 40%나 낭비하는 것은 비상식적이다. 그래서 아무도 이런 시도를 하지 못할 때 이스라엘에서는 물을 공급하는 배관을 땅속에 묻어버리자는 아이디어를 내게 된다. 비가 공중에서 떨어지는 것에 익숙해진 사람들이 상상하지도 못한 발상을 한 것이다. 땅속에서 바로 뿌리로 물을 공급하면 물의 증발을 막을 수 있다는 단순한 생각이 놀라운 농업 생산성을 이루어낸 것이다. 사실 이 아이디어는 전문적인 학술적 연구로부터 나온 것이 아니다. 옆집은 물을 주지 않아도 우리 집 정원보다 나무가 잘 자라는 것을 이상하게 생각하고 그 이유를 살펴보니 옆집 지하 수도관에 문제가 생겨서 물이 새고 있었기 때문이라는 사실에서 착안한 것이었다.

이스라엘의 창의적인 사고는 기술에만 영향을 미친 것이 아니다. 이스라엘을 대표하는 것 중의 하나는 협동농장인 '키부츠'이다. 키부츠는 농산물 생산으로 유명했지만 이제는 농산물판매 협동조합으로 진화했다. 이스라엘 농산물의 90%가 농산물판매 협동조합 트누바 키부츠에서 유통된다. 뿐만 아니라 화훼농장인 키부츠 단지는 바이오 육종산업의 메카이고, 안개꽃을 처음 개발한 것 역시 아리바 키부츠이다. 이렇게 사회 모든 조직에서 그들의 창의적인 아이디어가 새로운 제품과 비즈니스 모델을 만들어내고 있다. 이러한 노력으로 우리가 일반적으로 낙농의 강국으로 생각하는 덴마크나 뉴질랜드보다 더 높은 우유 생산량을 보이고 있다.

이스라엘의 기술력은 미래에도 큰 힘을 발휘할 것으로 보인다. 미래의 핵심기술로 관심을 끌고 있는 전기자동차 분야에서도 이스라엘의 기업들은 놀랄 만한 창의적 아이디어를 내놓고 있다. 차량과 배터리의 소유를 분리하는 비즈니스 모델로 전기자동차의 단점인 짧은 배터리 사용시간과 긴 충전시간을 해결할 수 있다는 가능성을 보여주었다. 배터리 분리를 쉽게 디자인해서 운전 중 방전이 되면 주변 충전소에 가서 5분 안에 충전된 배터리와 교환하는 방식으로, 자동차 소유주가 배터리를 소유하지 않고 임차하는 것이다.

인텔이 파산의 위기에 내몰렸을 때 회생의 아이디어를 제공한 것도 인텔의 이스라엘 사업부였다는 것은 잘 알려진 사실이다. 386 마이크로프로세서 개발 당시 속도가 기존의 프로세서에 비해 급속하게 빨라지면서 노트북 등에서 사용하는 소형 프로세서가 발생한 열을 감당하지 못하고 반도체칩이 타버리는 문제가 발생했다. 이때 인텔 이스라엘에서 자동차 기어처럼 프로세서에 변속기어를 도입하는 방식을 제안했는데, 그것이 바로 센트리노 칩이다. 이 센트리노 칩은 인텔을 파산 위기에서 회생시켰을 뿐만 아니라 엄청난 성장을 이루게 한 일등공신이다. 이렇게 이스라엘의 창의적인 아이디어는 분야를 가릴 것 없이 빛을 발하고 있다.

이스라엘이 가진 경쟁력을 설명할 수 있는 몇 가지 원인에 대해서 자세히 살펴보는 것이 이스라엘 민족의 혁신적인 사고력과 창의력을 이해하는 데 도움이 될 것이다. 이스라엘의 경쟁력은 크게 교육, 창업기업을 지원하는 문화, 그리고 독특한 군대 시스템에 있다고 이야기할 수 있다.

어릴 때부터 가정에서 받는 탈무드 교육은 정답이 없는 질문을 통해 다양한 생각과 창의력을 기르게 한다. 또한 하브루타(havruta)라는 유대인 특유의 토론 방식으로 이루어지는 학교 교육은 단순히 지식을 암기하는 것이 아니라 자신의 생각으로 세상을 이해하는 힘을 기르는 것을 지향함으로써 지식의 본질을 이해하고 새로운 시각을 갖도록 한다.

이스라엘은 수많은 성공한 창업기업의 사례를 가지고 있기도 하다. 이런 배경에는 이스라엘의 창업기업을 지원하는 문화가 자리 잡고 있는데, 요즈마 펀드가 그 대표적인 사례이다. 요즈마(yozma)는 창조라는 뜻을 가진 이스라엘 1호 벤처 캐피털이다. 요즈마 펀드는 좋은 아이디어일 경우 창업자금의 70%를 정부가 부담하고 성공하면 정부 지분을 투자 파트너들이 싸게 매입하는 구조로 이스라엘의 많은 벤처 기업을 길러내는 성과를 보였다. 이렇게 정부가 적극적으로 창업기업을 지원하고 성공 결과를 투자자들이 가져가도록 하는 방식은 많은 투자파트너를 끌어들이게 되었고, 안정적인 창업환경을 만드는 계기가 되었다.

이런 벤처 캐피털의 성공사례는 paypal이 대표적이다. 온라인 안전 결제시스템인 이 기업은 2002년에 ebay에 15억 달러에 인수 합병되었다. 또 paypal은 주커버그에게 50만 달러를 투자해 페이스북의 지분을 10% 확보하기도 했다. paypal 출신의 엔지니어들은 다른 창의적인 기업을 창업해 성공을 거둠으로써 paypal 성공의 저력이 대단함을 보여주었다. 구글에 1억 8000만 달러에 매각된 사진공유 사이트인 슬라이드도 이들이 만든 회사고, Youtube 역시 paypal 출신의 스티브 첸과 채드 헬리가 만들었다. Youtube는 구글에 18억 달러에 매각되었다.

이스라엘에는 '20 under 20' 티엘 펠로우쉽 프로젝트라는 대학생만 지원할 수 있는 창업지원 프로그램이 있다. 이 프로그램에 선정되면 대학을 중퇴한 후 창업을 하는 조건으로 10만 달러를 투자받는다. 이렇게 좋은 아이디어만 있으면 그것을 사업화할 수 있는 다양한 지원을 함으로써 세계적인 기업과 기술을 창출하고 있다.

이스라엘의 혁신적이고 창의적인 문화를 뒷받침하는 것 중의 하나가 독특한 군대문화이다. 일반적으로 군대문화는 혁신과는 거리가 멀게 인식된다. 게다가 이스라엘은 적은 인구와 주변 정세로 인해 의무복무 제도를 시행하고 있어서 창의적인 문화를 만드는 데 장애가 될 것이라 생각되지만, 이러한 약점을 생각을 바꿈으로써 강점으로 전환시켰다.

의무적으로 장기간 복무해야 하는 군복무 기간을 자기계발 기회로 활용할 수 있도록 한 것이 이스라엘 군대의 특징이다. 이스라엘 군대는 각 병사에게 최대한의 권한과 책임을 위임하는 시스템으로 운영된다. 또한 장교들에게 고급교육을 집중적으로 실시하여 장교로 복무하는 것이 개인의 역량을 높이는 데 무엇보다 좋은 기회가 되도록 했다.

이스라엘 군대의 전통은 '전통이 없는 것'이라고 한다. 기존의 성공 방식이나 과거에 잘 통했다는 이유로 특정 아이디어나 해법에 얽매이지 않는다는 의미이다. 대표적인 사례로 '6일 전쟁'을 든다. 아랍국가동맹을 6일 만에 물리치고 전쟁을 승리로 이끈 것이 '6일 전쟁'인데 이 전쟁에서 이스라엘 군은 날마다 그날그날의 작전수행을 되짚어보는 엄격하고 꼼꼼한 점검시간을 가진 것이 승리의 원인이라고 평가받고 있다. 그날의 작전 가운데 패전으로 이어질 뻔한 요인들을 끄집어내어 통산 90분간의 분석과 토론을 거쳐 내용 정리가 끝나면 하루를 결산하는 것을 철칙으로 지켰다. 심지어 전쟁 중 정부조사단이 작전수행 중인 군 간부들을 사흘간 불러들여 작전 방식에 대해 문제를 제기하고 진상조사를 하기도 했는데, 이것은 하루하루 전투의 승패보다 전체 전쟁의 승리를 위해 잘못을 되풀이하지 않아야 한다는 생각이 기본이 되었기 때문이다.

이렇게 군대의 운영이 체계적이고 조직적이므로 군대를 거치는 것은 개인에게 장점으로 승화된다. 특히 장교들은 집중적인 훈련을 마친 후 수십 명의 병사를 지휘하고 수백만 달러나 되는 장비들을 다루게 된다. 또한 생과 사를 가르는 중요한 결정을 내리는, 무엇으로도 얻기 힘든 다양한 실전경험을 통해 위급한 상황에서 침착하고 논리적인 균형감각을 갖추게 되고 사안의 경중을 판단할 수 있는 능력을 기르게 된다. 제대한 후 일정기간 예비군 조직에 포함되는데, 이 예비군 조직은 인적네트 워킹의 역할을 한다.

이스라엘 군대에서는 엘리트 부대를 운영하고 있는데 20대 초반의 창조적인 두뇌를 썩히지 않기 위한 방안이다. 이 엘리트 부대들은 수학, 과학 과목에서 우수한 학생들을 우선 선발하는데 의무복무 기간이 9년이나 되지만 치열한 경쟁을 통과해야만 선발될 수 있다. 그 이유는 이 부대에 신병으로 선발되면 입대 후 3년 이내에 대학교육을 이수하고 6년 동안 국방과학연구소와 같은 기관에서 연구를 수행하게 되기 때문이다. 이 기간 동안 일반 기업수준의 급여와 자율성을 보장받으면서 최첨단의 기술을 익힐 수 있다.

엘리트 부대원들은 실제 실무경험을 통해서 체계적인 사고가 몸에 배게 되고 첨단기술개발 분야에서 기술력을 쌓게 된다. 실제로 이스라엘 정보부대는 외부 소프트웨어의 사용을 엄격히 제한하기 때문에 필요한 프로그램은 직접 개발해서 사용해야 한다. 이런 과정을 통해서 기술을 개발하는 능력을 기를 뿐만 아니라 철저한 보안검증을 통과해야 하므로 수준 높은 보안 기술을 갖추게 된다.

이렇게 이스라엘 군대는 전투력 배양과 향상이라는 목적을 추구하면서도 이것이 개인의 역량을 높이는 계기가 되도록 하여 군 경력이 개인의 학력이나 능력과 연계되도록 함으로써 국가의 안보와 기술력을 확보하는 일석이조의 효과를 얻고 있다.

학습평가

01. 다음 중 창의적 사고에 대한 설명이 아닌 것은?

① 정보와 정보의 조합

② 발산적 사고

③ 새롭게 유용한 아이디어를 생산해내는 정신적 과정

④ 기존의 정보를 객관적으로 분석하는 일

02. 다음 진술 중 괄호 안에 알맞은 말을 쓰시오.

(   )란 개인이 가지고 있는 경험과 지식을 통해 새로운 가치 있는 아이디어로

다시 결합함으로써 참신한 아이디어를 산출하는 힘을 말한다.

03. 다음은 창의적 사고에 관한 설명이다. 옳은 것은?

① 창의적 사고력은 선천적으로 타고난 사람들에게만 있다.

② 창의적 사고는 후천적 노력에 의해 개발이 가능하다.

③ 나이가 어릴수록 창의력이 높다.

④ 창의적 사고를 하는 데 전문 지식이 필요하다

04. 창의적 사고의 3가지 특징과 관계가 없는 것은?

① 창의적 사고란 정보와 정보의 조합이다.

② 창의적 사고는 사회나 개인에게 새로운 가치를 창출한다.

③ 창의적 사고는 창조적인 가능성이다.

④ 자유분방할수록 창의력이 낮다.

05. 창의적 사고에서 가장 주의해야 할 것은?

① 고정관념 　　　　　　　　② 지능 수준

③ 후천적 노력 　　　　　　　④ 선천적인 능력

논리적 사고

01. 논리적 사고를 구성하는 5가지 요소는 생각하는 습관, (　　　), 구체적인 생각, 타인에 대한 이해, (　　　)이다.

02. 논리적인 사고의 구성요소 중 자신의 사상을 강요하지 않고 자신이 함께 일을 진행하는 상대와 의논해 나가는 가운데 자신이 깨닫지 못했던 새로운 가치를 발견하고 생각해낼 수 있는 과정은?

① 타인에 대한 이해 　　　　　② 설득

③ 고정관념 　　　　　　　　④ 논리의 구조화

03. 다음 진술의 괄호 안에 알맞은 말을 보기에서 골라 넣어라.

[보기] 창의적 사고력, 논리적 사고력, 비판적 사고력

(　　　)은 직장생활 중에서 지속적으로 요구되는 능력이다. (　　　)이 없다면 아무리 많은 지식을 가지고 있더라도 자신이 만든 계획이나 주장을 주위 사람에게 이해시켜 실현시키기 어려울 것이며, 이때 다른 사람들을 설득해야 하는 과정에

필요한 것이 논리적 사고이다.

04. 다음 중 논리적 사고를 하기 위해 버려야 하는 것은?

① 타인에 대한 이해　　　　　　② 설득

③ 고정관념　　　　　　　　　　④ 논리의 구조화

비판적 사고

01. 어떤 주제나 주장 등에 대해 적극적으로 분석하고 종합하며 평가하는 능동적인 사고를 (　　　)라고 한다.

02. 다음 중 비판적 사고를 발휘하는 데 요구되는 태도가 아닌 것은?

① 지적 호기심　　　　　　　　② 객관성

③ 다른 관점에 대한 반박　　　　④ 개방성

03. 비판적 사고의 의미 중 설명이 맞지 않는 것은?

① 비판적 사고의 주요 목적은 어떤 주장의 단점을 파악하는 데 있다.

② 비판적 사고를 하려면 우리의 감정을 철저히 배제해야 한다.

③ 비판적 사고는 부정적으로 생각하는 것이 아니라 지식과 정보에 바탕을 둔 합당한 근거에 기초한 것이다.

④ 비판적 사고는 어떤 주제나 주장에 대해 적극적으로 분석하는 것이다.

04. 비판적 사고의 개발 태도 중 결론에 도달하는 데 있어 감정적, 주관적
요소를 배제하고 경험적 증거나 타당한 논증을 근거로 하는 태도는?

① 지적 회의성　　　　　　② 객관성

③ 체계성　　　　　　　　④ 결단성

05. 비판적 사고의 개발 태도 중 개인의 신념이나 탐구방법을 변경할 수
있고 특정한 신념의 지배를 받지 않는 융통성에서 배격하는 태도 중
아닌 것은?

① 고정성　　　　　　　　② 독단적 태도

③ 경직성　　　　　　　　④ 유연성

"창의적 사고와 문제해결력으로 승부하고 싶다면,
NCS 교과서가 정답이다!"

4장

창의적 문제해결 방법은 따로 있다

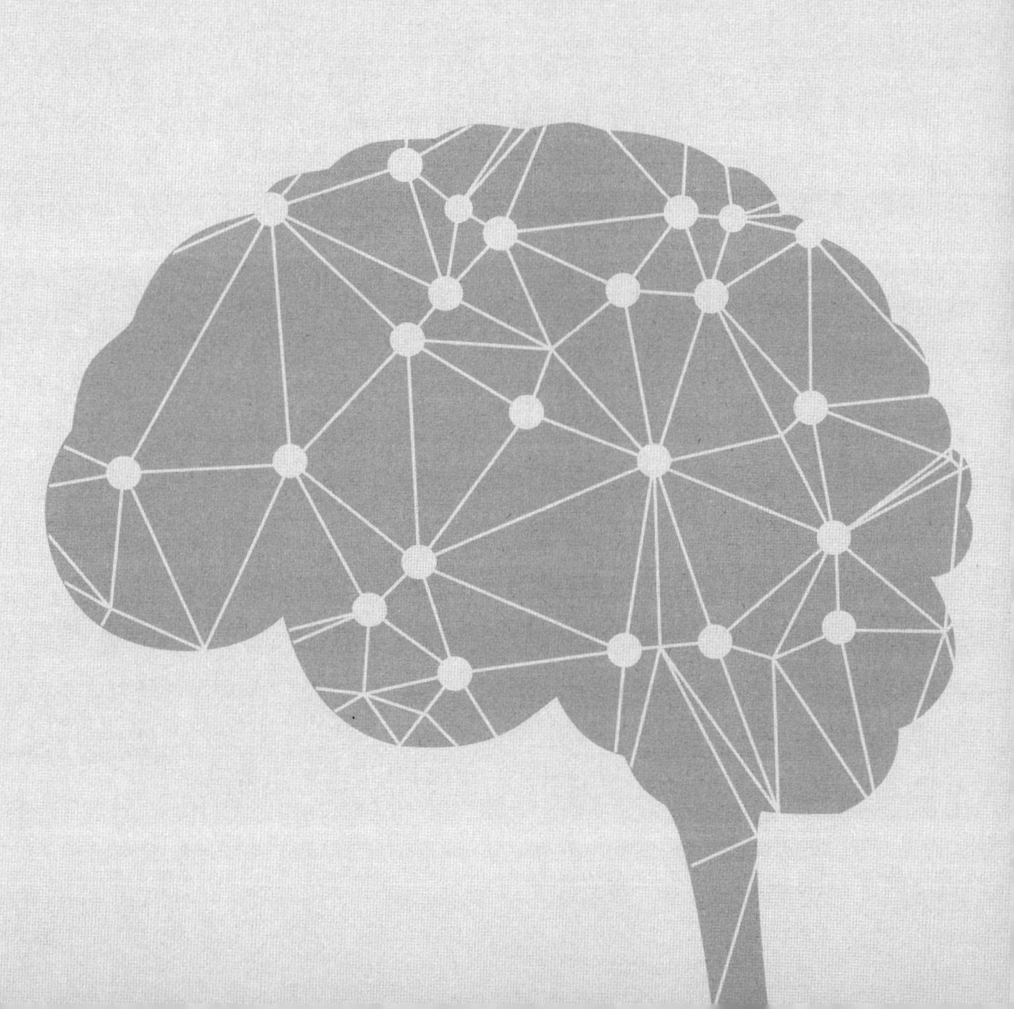

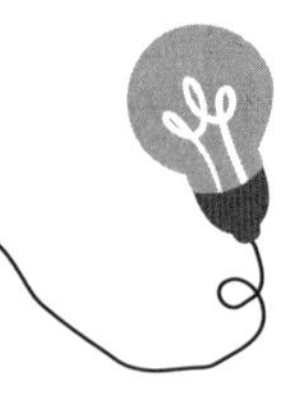

4.1
문제해결을 위한 본질적인 기술을 익혀라

크리스토퍼 호에닉은 '문제해결의 6가지 본질적인 기술'을 제시했는데, 그가 제시하는 어떤 유형의 문제나 기회에도 적용할 수 있는 6가지 기술은 다음과 같다.

첫째, 올바른 태도로 접근하라. 혁신적인 시도 후에 결단력 있는 팀과 조직을 구성해 강력한 아이디어와 긍정적인 태로를 만들어야 한다.

둘째, 영역을 파악하라. 면밀하고 지속적으로 전략적 지식을 획득하고 흡수함으로써 적절한 질문을 던지고 올바른 정보를 얻어야 한다.

셋째, 관계를 구축하라. 가치를 전달하고 공유함으로써 신뢰와 충성을 구축하고 고도의 의사소통과 상호작용을 해야 한다.

넷째, 과정을 관리하라. 올바른 이유를 기반으로 목적을 정하고 방향을 설정해야 한다.

다섯째, 해결책을 창조하라. 처음부터 끝까지를 아우를 수 있는, 완벽하고 확증된 최고의 해결책을 고안하고, 구축하고, 유지해야 한다.

여섯째, 결과를 이끌어내라. 복잡하고 경쟁적인 환경에서 직관과 훈련된 방법으로 해결책을 수행해야 한다.

문제의 해결은 다양한 관점으로 세상을 바라볼 때 가능해지고 더 효율적인 방안이 나온다. 문제라는 것은 우리가 기대하는 목표와 현실과의 차이일 수도 있고, 또한 우리 앞에 놓인 장애일 수도 있다. 현재 상태에서 우리가 원하는 상태로 나아가지 못하는 것은 대부분 우리 사고의 한계가 그 원인이다. 다양한 관점에 대한 요구는 분석적 문제보다 창의적 문제일 경우에 더 강조된다. 창의적인 문제는 현재 문제가 없는 상태라도 더 나은 상태를 추구하는 것이고, 많은 아이디어를 통해 해결방법을 도출할 수 있기 때문이다.

표 5. 창의적 문제와 분석적 문제

구분	창의적 문제	분석적 문제
문제제시 방법	현재 문제가 없더라도 보다 나은 방법을 찾기 위한 문제 탐구로, 문제 자체가 명확하지 않음.	현재의 문제점이나 미래의 문제로 예견되는 것에 대한 문제 탐구로, 문제 자체가 명확함.
해결방법	창의적인 많은 아이디어를 통해 해결.	분석, 논리, 귀납 같은 논리적 방법을 통해 해결.
해답 수	해답의 수가 많으며, 많은 답 가운데 보다 나은 것을 선택.	해답의 수가 적으며, 한정되어 있음.
주요 특징	주관적, 직관적, 감각적, 정성적, 개별적, 특수성	객관적, 논리적, 정량적, 이성적, 일반적, 공통성

문제를 해결하기 위해 가장 중요한 것은 문제해결을 위한 실천 의지이다. 발생한 문제를 인식한다 하더라도 문제를 해결하려는 의지가 없다면 문제 자체가 무시되고 개인과 조직에서 아무런 의미를 갖지 못한다. 발생하는 문제를 인식하고 원인을 분석하고 해결하려는 노력은 문제해결 의지가 있을 때만 가능하며, 이것이 문제해결의 단초가 되고 개인과 조직을 성장시킨다. 문제란 현재의 상태보다 나은 상태를 지향하는 의지이거나 최소한 현재의 상태를 유지하려는 의식이므로 문제제기를 두려워하고 숨기거나 방치한다면 그 조직은 더 이상 발전하지 않는다. 문제가 있고, 그 문제를 해결하는 가운데 조직은 변화하고 발전하기 때문이다. 문제의 원인을 근원까지 파헤치고 그를 통해 근본적인 문제를 해결하려는 노력이 있을 때 문제가 재발되지 않고 더 높은 상태로 발전하게 되는 것이다.

● **문제해결 과정에서 빠지게 되는 일반적인 함정**

소홀히 하거나 빠뜨리면 문제해결을 어렵게 하거나 문제해결을 포기하게 만드는 다음 사례들을 조심해야 한다.

가. 너무 일반적이거나 규모가 커서 쉽게 해결할 수 없는 문제를 선정한다.
나. 문제를 정확히 정의하지 않고 모호하게 규정한다.
다. 문제의 원인을 체계적으로 분석하거나 현상에 대한 정보수집이 제대로 이루어지지 않은 상태에서 성급하게 해결책부터 찾는다.
라. 잠재적 해결책을 파악할 때 중요한 의사결정 인물이나 문제에 영

향을 받는 구성원을 참여시키지 않고 일방적으로 결정한다. 이런 경우는 대부분 의사결정을 신속하게 해야 한다는 강박감이나 문제를 너무 잘 알고 있다는 자신감에서 생기는 실수이다.

마. 개인이나 팀이 통제할 수 있거나 영향력을 행사할 수 있는 범위를 넘어서는 문제를 선정한다.

바. 익숙한 방법을 해결책으로 선택한다. 이런 경우는 위험을 회피하기 위해 기존에 '즐겨 사용하는(pet)' 방법을 선택해 실패하는 경우이다. 경영이 어려울 때 다른 자구책을 구하기보다 직원 감축을 일상적으로 시행하는 경영방식이 이런 사례이다.

사. 근거가 확실하지 않은 해결책을 선택한다. 주로 직관적인 판단을 중요시하는 의사결정자가 범하기 쉬운 실수이다. 원인 분석이나 가용자원에 대해 막연한 느낌만으로 판단하는 경우가 의외로 많은데, 이런 경우 대부분 논리보다 관계에 의해 의사결정이 이루어진다.

아. 평가 계획이 적절하지 못하거나 없는 해결방안을 선택한다. 해결책을 도출하면서 그 해결책이 실행되었을 때 기대한 효과를 발휘하는지에 대한 평가 계획을 수립하지 않고 예상한 대로 실행이 될 것이라고 믿는 경우가 많다. 이런 경우 해결책이 실행되어도 그 효과를 검증하기 어려울 뿐만 아니라 예기치 못한 문제가 발생했을 때 적절한 피드백이 어려워 문제가 더 심각해진다.

4.2
문제해결의 6단계를 이해하라

문제해결 과정을 몇 개의 단계로 나누어 진행하면 문제해결이 용이할 뿐만 아니라 문제해결력도 같이 높일 수 있다. 문제해결 과정은 일반적으로 다음의 6단계로 구분할 수 있다.

① 문제인식 단계: 실질적인 문제가 무엇인지를 감지하고 문제를 찾아내는 단계이다. 문제에 대한 민감성을 기를 수 있다. 문제를 분석하고 해결 목표를 설정한다.

② 문제정의 단계: 문제의 유형과 문제해결의 수준을 결정하는 단계이다. 이 단계에서는 문제를 해결하는 방법이 도출된다. 주로 문제를 어떻게 해결할 것인지에 대해 고민하며, 문제 스테이트먼트가 이루어지는 단계이기도 하다.

③ 사실정보수집 단계: 세심한 관찰을 통해 정보를 수집하고 사실을 발견하는 단계이며, 복잡하고 다양한 원인이 연관된 문제를 해결할 때 매우 중요한 단계이다. 정보수집능력과 관찰력을 기를 수

있다.

④ 원인 분석 단계: 정의된 문제의 근본적인 원인을 파악하는 단계이다.

⑤ 해결 발견 단계: 문제를 해결하기 위한 여러 가지 아이디어들을 검증해보고 분석해서 원인에 가장 가까운 아이디어나 해결방법을 찾아내는 단계이다.

⑥ 실행과 평가 단계: 찾아낸 해결방안을 직접 실행에 옮기고 그 결과와 효과를 평가해서 재조정하는 단계이다. 장애가 되는 문제의 원인들을 해결안을 사용하여 제거하는 단계이기도 하다.

1) 문제인식

문제인식은 문제가 무엇인지를 발견하는 과정이다. 즉, 해결해야 할 모든 문제를 파악하고 우선순위를 정해서 해결해야 할 과제를 명확히 하는 단계이다. 문제의 발견은 문제의식이 있을 때 가능하다. 문제의 유형을 분석하고 목표를 설정하기 위해서 환경 분석이 이루어진다. 이 단계에서는 환경 분석을 위해서 주로 3C, SWOT, STOP 분석 등을 사용한다.

● 3C 분석

사업환경을 구성하고 있는 요소인 자사, 경쟁사, 고객을 3C라고 하며, 3C에 대한 체계적인 분석을 통해서 환경 분석을 수행할 수 있다. 3C 분석은 자사(Company)와 고객(Customer), 경쟁사(Competitor)의 상호관계를 살펴보는 분석법이다. 고객 분석에서는 '고객요구와 구매 행동, 시장 규모와 성장성'을 분석한다. 자사 분석에서는 '자사의 기술력, 매출액, 시장점유율 및 수익성'을 분석하고, 경쟁사 분석에서는 '진입장벽이나 경쟁사의 전략'을 분석하게 된다.

3C 분석은 전략을 수립하기 위한 것이 아니라 현황이나 환경을 분석하는 방법으로 다른 분석법과의 보완을 통해 종합된 각 시사점들을 도출하고 전략을 수립하는 것이 좋다. 자사 분석은 SWOT 분석으로 더 구체적으로 현황을 분석하고, 고객에 대해서는 STP 전략 분석을 실시하는 것이 일반적인 접근법이다.

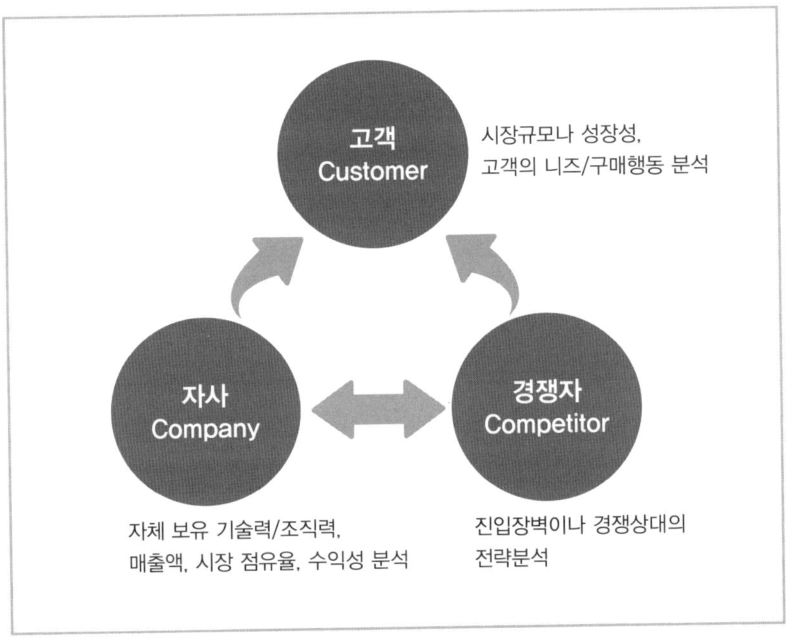

그림 7. 3C 분석 개념도

표 6. 3C 분석 평가기준

3C	평가요소	평가기준
고객 (Customer)	시장규모 시장 성장률	– 해당 세분시장이 적절한 규모인가? – 성장 가능성이 높은 시장인가? – 각 세분시장별 잠재수요는 어느 정도인가?
경쟁사 (Competitor)	현재의 경쟁자 잠재적 경쟁자	– 현재의 경쟁사들이 공격적이고 강력한가? – 새로운 경쟁자의 진입가능성이 높은가?
자사 (Company)	기업목표 자원 시너지 효과	– 기업의 목표와 일치하는가? – 인적, 물적, 기술적 자원을 갖추고 있는가? – 기존 브랜드의 마케팅 믹스 요소를 연계하여 시너지 효과를 가져올 수 있는가?

● STP 분석

한정된 자원으로 최대한의 마케팅 효과를 내기 위해 STP 분석을 사용한다. 3C 분석을 통해 기업의 마케팅 환경을 분석하고, 이후 제품시장을 몇 개의 세분화된 시장(Segmentation)으로 나누고, 세분화된 시장을 평가하여 표적시장(Targeting)을 선정한 후 각 제품에 대한 포지셔닝(Positioning)을 파악하여 제품에 대한 경쟁우위를 가져가기 위한 프로세스를 의미한다.

● 과제 도출 및 우선순위 선정

문제를 인식하는 것은 환경 분석 결과를 통해 현재의 상태를 파악하고 문제해결을 위한 과제를 도출하는 것이다. 환경 분석 결과를 통해 현황의 개괄적 분석과 열거가 이루어지면 열거된 현황을 명확히 개념화하고 구체화한 후 이를 유형별로 분류한다. 이렇게 분류가 이루어지면 평가를 통해서 각 과제의 우선순위를 정한다. 우선순위를 정할 때는 평가기준을 명확히 해야 하며 그 기준은 과제의 중요성, 난이도(간단한 문제부터 해결), 긴급성, 확대성 등의 여러 가지 평가기준을 동시에 적용하는 것이 바람직하다.

표 7. 우선순위 평가기준

평가기준	내용
중요성	매출/이익 기여도 고객만족도 향상 경쟁사와의 차별성 내부 해결 가능성
난이도	해결방안 실시상의 난이도 다른 문제와의 관련성
긴급성	해결의 시급성 해결에 소요되는 시간
확대성	지속성/파급성 새로운 문제 유발 가능성

2) 문제정의

문제정의 단계에서는 선정된 문제를 분석하여 해결해야 할 것이 무엇인지를 명확히 하는 단계로, 문제가 무엇인지 알고 문제를 확정하는 문제 스테이트먼트가 이루어진다. 현상에 대하여 문제를 분해하여 인과관계 및 구조를 파악하고 핵심적인 문제를 선정한다.

● **문제구조 파악**

선정된 문제 전체를 개별화된 세부 문제로 쪼개는 과정으로 문제의 내용 및 미치고 있는 영향 등을 파악하여 문제의 구조를 파악하는 것이다. 이것은 문제를 정확히 파악한 후 해결이 가능한 작은 문제로 분해하고 구조화하는 과정이다. 가장 중요한 문제에서 시작하여 세부적인 문제로 나뭇가지 모양으로 분석해가기 때문에 문제의 본질과 실제를 시각적으로 볼 수 있게 된다. 이렇게 문제를 나뭇가지 형태로 분석하는 것을 로직트리(Logic Tree) 또는 이슈트리(Issue Tree)라고 부른다.

Logic Tree는 '이슈 분석(issue analysis)'을 통해서 작성할 수 있는데 5단계의 접근법을 사용한다. 5단계 접근법은 다음과 같다.

① 핵심 질문을 정의한다.
② 핵심 질문을 이슈로 바꾼다.
③ 이슈를 잘게 쪼갠다.
④ 잘게 쪼갠 이슈를 해결할 가설을 세우고 필요한 근거를 파악한다.
⑤ 작업 계획을 수립한다.

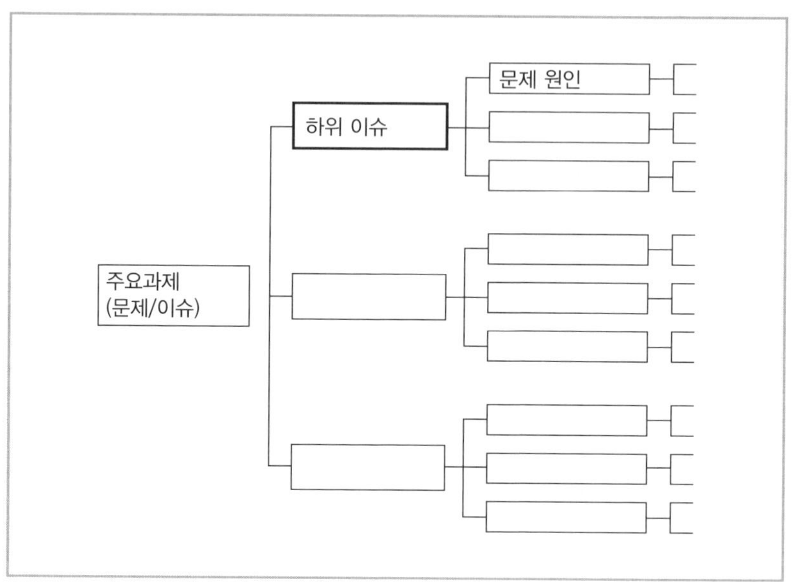

그림 8. 로직트리

톡! Talk?

문제해결의 로직트리

A양은 점심시간에 스파게티를 먹은 후 5시간이 지나도록 소화가 안 된다. 소화제를 먹을 수도 있고, 병원에 갈 수도 있고, 그냥 좀 더 기다려볼 수도 있지만 먼저 정확한 원인을 파악해야 대안 중 하나를 선택할 수 있을 것이다. 이 경우 문제해결을 위한 로직트리를 작성해보자.

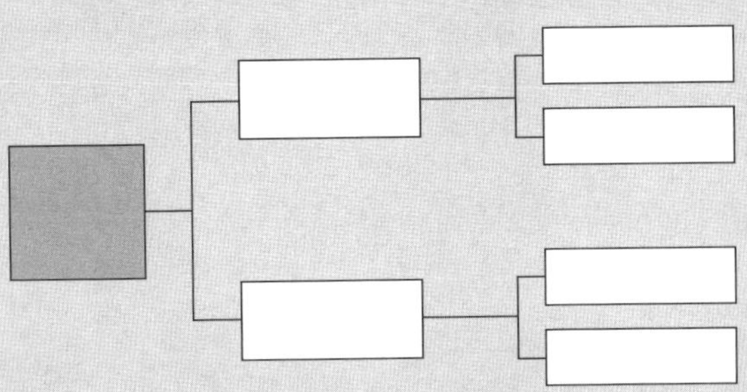

여기에서 문제점은 'A양은 점심시간에 스파게티를 먹어 소화가 되지 않지만 근본적인 원인을 알 수 없어 구체적인 해결책을 찾을 수 없다'이다. 따라서 핵심 질문은 'A양이 소화불량에 걸린 근본원인은 무엇인가?'가 될 것이다.

다음 단계인 핵심 이슈의 정의는 핵심 질문을 발전시켜 보다 실천적이고 의사결정에 도움이 되도록 구체화하는 것이다. 따라서 '약을 먹을지, 병원에 갈지'를 고민하고 있는 A양의 입장에서는 결국 '소화불량의 원인이 즉각적인 조치로 충분한 일시적이며 경미한 것인가?'와 '본격적 치료가 필요한 만성적이며 심각한 것인가?' 정도로 핵심 이슈를 정의할 수 있겠다.

다음에는 큰 이슈를 논리적으로 분해하여 하위 이슈를 도출한다. '소화불량이 만성적이며 심각한 것인가?'란 상위 이슈는 '단순한 위 기능 저하인가?' '위염이 있는 것인가?'로 나눌 수 있다. '단순한 위 기능 저하인가?'는 다시 '운동 부족인가?'와 '피로가 누적

되었는가?'로 나눌 수 있다. 이렇게 이슈를 잘게 쪼갤 때는 서로 겹치지 않게 해야 한다. 맥킨지는 이를 MECE라는 이름으로 정의했다.

세부적인 이슈가 모두 작성되면, 그에 따른 가설을 설정하고, 그 가설을 검증하고 평가할 근거를 파악해야 한다. 가설 및 필요 근거가 무엇인지를 알고 난 후에야 비로소 문제해결을 실행하기 위한 작업 계획을 수립할 수 있다.

이러한 Logic Tree를 작성할 때에는 다음과 같은 점을 주의해야 한다.

① 전체 과제를 명확히 해야 한다.

② 분해하는 가지의 수준을 맞춰야 한다.

③ 원인이 중복되거나 누락되지 않고 각각의 합이 전체를 포함해야 한다.

● MECE(미시: Mutually Exclusive, Collectively Exhaustive)

컨설팅을 위해 수집한 정보들을 체계적으로 분류하는 맥킨지의 방식이다. 'Mutually Exclusive, Collectively Exhaustive'라는 말이 의미하듯이 겹치는 부분 없이, 완벽하게 커버한다는 뜻을 가지고 있다. 정보의 체계적인 분류방법으로 유명한 이 방법에 따라 분류하자면 사람을 남자와 여자로 구분하면 모든 사람을 포함하면서도 겹치지 않는다.

예전에 ○○ 게임이 유행할 때 이런 농담이 있었다. "세상에는 두 종류의 인간이 있다. ○○을 하는 인간과 하지 않는 인간." 이것도 MECE

분류법에 속한다. 지구상에 존재하는 수십억의 모든 사람들이 이 분류에 속하고 단 한 사람도 겹치지 않기 때문이다. 만약에 "A 커피전문점에는 어떤 메뉴가 있습니까?"라는 질문을 받는다면 먼저 음료와 비음료로 구분하고, 다시 음료를 커피 종류와 비커피 종류로 구분해 나가는 것이 MECE 접근 방식이다.

3) 사실정보수집

사실과 정보를 수집하기 위해서는 6W2H, IS-NOT 방법을 활용할 수 있다.

사례 1) A는 최근 들어 여자 친구가 전화도 제대로 받지 않고 시큰둥하다고 느낀다. 학교에 중요한 일이 생겨 지난주에 약속을 지키지 못했는데 그 일이 마음에 걸린다. 요즘 들어 자주 문자도 못 해서 화가 났는데 바쁜 걸 이해 못 하냐고 면박을 줬던 것이 원인일 수도 있을 것 같다.

A의 문제 스테이트먼트는 일반적으로 'A는 여자 친구와의 관계가 악화되었다'로 정의하기 쉽지만 문제를 구체화하기 위해서 'A의 여자 친구가 전화를 받지 않는다'로 수정하는 것이 바람직하다.

● **6W2H 분석**

What: 여자 친구가 전화를 받지 않는다.

Where:

When: 지난주부터

Who: 여자 친구

Why: 지난주에 약속을 지키지 못했다.

Which: A가 전화를 거는 경우

How: 전화를 받아도 "그냥 바빠서"라고만 대답한다.

How many, How much: 대부분

● **IS NOT 분석**

IS: 전화를 잘 받지 않는 상황

NOT: 가끔은 전화를 받는다. 친구들과는 통화를 잘한다. 이번 주 화요일 전에는 전화를 잘 받았다. 다른 사람들과는 잘 지낸다.

● **진짜 원인**

화요일에 특별한 일이 없었나? A가 화요일에 통화하면서 월요일에 친구 때문에 수업을 빠지고 도와주러 갔으며, 정말 중요한 수업인데 빠져서 큰일이라고 말했었다.

사례 2) B 회사는 대리점별, 상품별 월간 매출현황을 파악할 수 있는 시스템을 도입하려고 한다. 외부 기존 제품도 있지만 비용문제로 자체개발하기로 했다. 새로운 시스템을 구축하려니 새롭게 기록을 관리하기 위한 다소의 일이 필요하게 된다. 소프트웨어를 조작하는 간단한 일이지만 잘못하면 엉터리 집계가 되므로 주의가 필요하다. 이런 일을 싫어하는 사람도 있는 것이 현실이다. 저항이 있다는 점에 주의할 필요가 있다. C씨는 이 일에 대해서 부서의 책임자로 지명되었고 이 일을 추진하는 데 어려움이 있는지 부서장으로로부터 질문을 받았다. C씨는 이 일을 제대로 해내고 싶은데 어떻게 추진해야 할까?

● **문제해결의 단계**

① 모두의 공통인식을 구한다. C씨는 새로운 시스템 도입 사실을 명확히 밝히고 자신이 그 일의 담당자임을 명시한다. 구체적으로 '대리점별, 상품별 월간 매출현황을 이용 가능하게 하는 시스템의 도입'을 실현한다는 공통인식을 전원이 갖도록 만든다. 외부에서 구입하는 것이 불가능함과 현재의 현황 파악 시스템으로는 부족하다는 것을 이해시켜야 한다. 이를 통해서 요구되는 상태(대리점별, 상품별 월간 매출현황 파악: 매출관리에 유리)와 현실상태(상품별 매출 총액만 집계됨: 매출관리에 불리)의 차이를 명확하게 인식하도록 한다.

② 우선 '해야 할 것'과 서둘러 '해서는 안 될 것'을 구분한다. 우선해야 할 것을 정하는 것은 문제를 확정하는 것이고, 서둘러 해서는 안 될 것을 정하는 것은 문제의 확정을 간단히 끝내고 일을 진행할 경우 문제를 악화시킬 수 있기 때문이다.

이 경우는 상황별로 문제를 분리하는 것이 필요하다. 컴퓨터를 잘 사용하지 못하는 사람이 있다는 것을 고려해야 하는 것이다. 즉 '1단계로는 젊은 중견사원이 대리점별, 상품별 데이터 관리 시스템을 자신의 판매업무를 위해서 사용할 수 있게 된다. 2단계로 부서 전체가 대리점별, 상품별 데이터 관리 시스템을 자신의 판매업무를 위해서 사용할 수 있게 된다.' 식으로 단계적인 목표 설정이 필요하다.

③ 6W2H 분석

'미래에 달성되었을 때의 모습'과 '미래에 달성되었을 때의 모습에 대비시킨 현재의 모습'을 6W2H 방법으로 비교한다.

표 8. 6W2H 방법으로 분석한 현재와 미래의 비교

	미래에 달성되었을 때의 모습	현재의 모습
What	대리점별, 상품별 데이터	대리점 전체 수치
Where	각 영업소	각 영업소
When	판매현황을 파악할 때, 교섭할 때	담당자로서 실적 확인
Who	담당자	담당자
Why	매출향상	매출향상
Which		
How	회사에서 지급한 PC로	회사에서 지급한 PC로
How many, How much	거의 매일	월 1회

4) 원인 분석

이슈와 데이터 분석을 통해서 얻은 결과를 바탕으로 최종 원인을 확인하는 단계이다. 발생한 문제를 유발하는 진짜 원인이 무엇인지 눈에 보이지 않는 또 다른 요인이나 다른 문제로부터 영향을 받고 있지는 않은지를 분석한다.

원인을 분석하는 과정에서 문제와 원인 간의 인과관계를 생각하고 타당성을 검토한다. 인과관계에 대한 연관도표를 그려 전체적으로 바라보고 중복되거나 누락된 원인이 없는지 파악한다. 문제와 원인 사이의 인과관계의 규칙성을 도출할 수 있도록 추상화한다. 일반화할 수 없는 불규칙성은 별도로 정리한다.

문제를 인식하고 문제를 정의한 후 사실과 정보를 수집하고 원인을 분석한다. 이 원인과 문제의 인과관계를 분석해서 근본적인 문제를 찾아야 문제를 효율적으로 해결할 수 있고, 문제의 반복이나 새로운 문제의 발생을 막을 수 있다. 원인을 분석하다 보면 대부분 나뭇가지 형태로 문제로부터 많은 원인들이 도출된다. 그러나 이 모든 원인을 확인하고 그것들을 해결하기 위한 대안을 만드는 것은 가능하지도 않을 뿐만 아니라 문제해결을 실패하는 결과를 낳게 된다. 가지치기를 하는 것처럼 중요한 원인을 제외하고는 제거해 나가야 한다. 사소한 영향을 미치는 원인들은 무시해도 문제해결에 장애가 되지 않고, 중요한 원인들을 해결하다 보면 이런 사소한 요인들은 자연스럽게 해결되기도 한다.

주의해야 할 것은 대부분의 문제가 하나의 근본원인에서 발생하는 것은 아니라는 점이다. 한 문제가 2가지 이상의 근본원인을 가질 수 있다. 그리고 이런 근본원인들은 하나의 문제에만 영향을 미치는 것이 아니라 여러 문제에 영향을 미칠 수 있다. 따라서 원인 분석은 여러 가지 변수와 요소를 복합적으로 고려해야 하는 간단하지 않은 작업이다.

효율적인 원인 분석을 위해 파레토 방식의 단계별 접근 방식이 도움이 될 수 있다. 파레토 방식은 80−20 규칙이라고도 하는데 20%의 원인이 문제에 80%의 영향을 미친다는 이론이다.

파레토의 법칙

파레토의 법칙은 20:80 법칙으로 잘 알려져 있다. 다음과 같은 사회현상을 관찰해 얻은 통찰의 결과이다.

- 사원의 20%가 회사이익의 80%를 벌어들인다.

- 백화점 매출의 80%는 20%의 고객이 만들어낸다.

- 사회구성원 20%가 부의 80%를 가져간다.

- 내가 받는 우편물의 20%가 80%의 만족감을 준다.

- 수업 내용의 80%를 이해하는 학생은 전체의 20%이다.

- 책 내용의 20%인 핵심은 전체 책 내용의 80%에 해당된다.

- 성과의 80%는 집중해서 일한 20%의 시간에서 달성된다.

원인 분석에도 이 20:80의 법칙을 적용할 수 있다.

① 대부분의 원인은 중요하지 않다.

② 눈에 보이지 않는 원인에도 주의를 기울여라.

③ 근본원인을 20%만 남겨라.

④ 원인의 20%를 해결하는 데 집중하라.

원인 분석의 기법은 상황 또는 목적에 따라 달라진다. 직면한 문제의 종류, 해결의 시급성, 목표의 수준에 따라서 여러 가지 원인 분석법을 적용할 수 있겠지만 다음에서는 근본원인 분석을 위해 일반적으로 사용되고 있는 6가지 분석기법을 제시한다.

① 인과관계 분석(Event and Causal Factor Analysis)

② 변화 분석(Change Analysis)

③ 방벽 분석(Barrier Analysis)

④ 리스크 수목(Management Oversight and Risk Tree, MORT)

⑤ 인간성능평가(Human Performance Evaluation)

⑥ '5가지 이유' 기법

어떤 분석기법을 사용해야 하는지 또는 분석 규모나 노력을 어느 수준에서 투입해야 하는지에 대한 결정은 사건의 중요도나 시급성, 가용 자원 등에 의존한다. 중요한 문제일 경우에는 높은 수준의 분석이 필요하며, 예외적인 문제일 경우에는 중간 수준의 분석으로도 충분하다. 높은 수준의 분석에는 인과관계 분석이나 MORT 등의 기법을, 중간 수준의 분석에는 변화 분석, 방벽 분석, 또는 mini-MORT 등의 분석기법을 사용할 수 있다.

가. 인과관계 분석(Events and Causal Factor Analysis)

인과관계 분석은 원인요인 간의 연결 관계가 복잡하고 다면적인 문제 분석에 주로 사용된다. 발생한 문제의 원인이 되는 요소들 사이의 인과관계를 모두 차트에 표시하기 때문에 문제의 인과관계를 직관적으로 이해할 수 있다.

나. 변화 분석(Change Analysis)

변화 분석은 문제를 명확하게 정의할 수 없을 때 사용하는 분석기법으로 문제에 대해서 모든 변화요인을 적용하여 효과를 확인하면서 원인을 발견한다. 변화 분석은 다음과 같은 순서로 이루어진다.

① 문제 상황 작성

② 문제(바람직하지 않은 결과)가 없는 상황 기술(정상 상황 또는 이상적 상황)

③ 모든 변화요인 검토

④ 차이점 나열

⑤ 두 상황에 대한 차이점을 분석하여 모든 원인 발견, 문제에 대한 영향 평가

⑥ 도출된 모든 변화요인을 종합적으로 평가하여 근본원인 규명

다. 방벽 분석(Barrier Analysis)

문제를 방지하기 위해 존재하지만 문제 방지에 실패한 모든 방벽요인을 체계적으로 평가하고, 그 외의 요인을 발견하기 위한 분석기법이다. 방벽 분석은 다음과 같은 순서로 진행된다.

① 목표(Target) 설정

② 목표에 대한 위협 결정(잠재적인 문제 또는 위험요소)

③ 방벽요인 규명, 방벽의 적절성(방벽의 성과 여부) 분석

라. MORT 분석(Management Oversight and Risk Tree)

근본원인 분석의 실수를 최소화하기 위해 사용하는 기법으로 문제 발생에 관여된 직접적 원인과 간접적 원인을 분류하고 각 원인별 위험 요소를 찾아내는 분석기법이다. MORT 방법은 분석 과정에서 잠재적인 원인요인까지 놓치지 않고 모두 고려될 수 있도록 고안되었다. MORT 분석은 인과관계 분석과 함께 사건 중요도가 높은 중대 사건에 주로 사용된다.

마. 인간성능평가(Human Performance Evaluation)

인간-기계 인터페이스 관련 연구에 주로 사용되는 분석기법으로 문제와 관련된 작업 계획, 업무 분장, 유지·보수, 감시 등 직무수행요인을 분석한다.

바. '5가지 이유' 기법

토요타는 이 기법을 도입해서 1970년대 토요타 생산 시스템을 만들어냈다. '5가지 이유' 기법은 간단히 "이유는?(또는 관련된 질문: 언제, 어디서, 무엇을, 어떻게, 왜)"을 최소한 5회 정도 질문하는 것이다. 이렇게 질문하면서 근본원인을 찾아내고 다시 그것들의 근본원인으로 깊이 분석해 들어가는 방식으로, 진짜 원인을 찾아내는 원인 분석 방법이다.

5) 해결안 도출

앞에서 선정된 근본원인에 대한 여러 가지 대안을 나열하고 그중 핵심적인 해결방안을 선택하는 것이 문제를 효율적으로 해결할 수 있는 방법이다. 다양한 해결안(대안)을 개발하고 그 해결안들을 평가하여 최종 해결안을 결정하는 것이다.

이렇게 해결안이 결정된 후에는 이 해결안을 실행했을 때 발생할 수 있는 리스크 대책을 수립하는 단계가 뒤따라야 한다. 아무리 정밀하고 객관적으로 평가하고 결정했다고 하더라도 실제 문제에 적용했을 때 발생할 수 있는 문제를 다 피할 수는 없다. 따라서 해결안을 도출한다는 것은 해결안 적용 후 예상 가능한 리스크와 그에 대한 대비책을 수립하는 단계까지를 의미한다. 해결안을 결정하면 해결과제를 도출한다. 과제의 도출은 근본원인으로 정의된 내용을 어떤 구체적인 실행방법으로 해결할 것인지까지를 명확하게 제시해야 한다. 이때 비슷한 문제유형이나 해결방안 등은 그룹화해서 접근한다.

문제를 효율적으로 해결하기 위해서는 문제해결 과정을 단순화시켜야 한다. 간단한 방법으로 문제를 사고하면 문제가 단순해지고 규칙성을 발견할 수 있게 된다. 문제를 해결할 때 흔히 범하는 실수는 너무 어렵거나 너무 복잡하게 생각하는 것이다. 사고의 한계에 지나치게 묶여 있기 때문인데 전혀 다른 각도에서 문제의 해결점을 찾아보려는 노력이 필요하다. 가장 간단한 방법으로 문제를 해결할 수 있다면 그것이 가장 좋은 방법이다.

 4차산업혁명, 문제해결력이 정답이다

유산 상속과 고디아스의 매듭

● 생각해보기 1. 유산 상속

한 부자가 두 아들에게 유산을 물려주는 문제로 고민 중에 있었다. 두 아들 모두 똑똑해 딱히 누구를 골라야 될지 몰랐다. 그러던 중 부자에게 좋은 방법이 한 가지 떠올랐다. 어느 날 부자가 대문을 잠그고 아들 둘을 데리고 집에서 멀리 떨어진 도시로 갔다. 그 도시에 도착한 후, 부자는 아들 둘에게 각각 열쇠 꾸러미와 말 한 필씩을 주고 말했다.

"지금 너희들 먼저 집으로 돌아가거라. 집에 도착해 먼저 문을 여는 녀석에게 농장 계승권을 물려주겠다."

두 아들은 아버지의 유산을 차지하기 위해 급히 집을 향해 말을 달렸다. 결국 두 아들은 거의 동시에 대문 앞에 도착했다. 이들은 수중의 열쇠로 대문을 따기 시작했다. 그런데 아무리 해도 열쇠가 맞지 않는 게 아닌가. 알고 보니 부자가 아들들에게 준 열쇠 꾸러미에는 처음부터 대문 열쇠가 없었다. 형은 그래도 낙담하지 않고 하나하나씩 몇 번이고 열쇠를 맞추고 또 맞춰봤다. 하지만 동생은 모든 열쇠가 맞지 않는다는 걸 알고는 옆에 가만히 앉아 문을 열 수 있는 방법이 없을까를 고민했다. 문득 한 가지 방법이 그의 머리를 스쳐 지나갔다. 그는 커다란 돌멩이를 가지고 자물통을 내려쳐 부숴버렸다. 그리하여 결국 농장 계승권은 동생이 차지하게 되었다.

고대 로마시대에 고디아스는 여간해서 풀기 어려운 매듭을 묶어 놓고 이렇게 예언했다.

"장차 이 매듭을 푸는 자가 아시아의 통치자가 될 것이다."

이 말을 듣고 많은 사람들이 '고디아스의 매듭'을 풀기 위해 도전했지만 아무도 성공하지 못했다. 이때 마케도니아의 알렉산더 장군이 이 매듭에 대한 소문을 듣고 달려왔다. 알렉산더는 이 매듭을 풀기 위해 백방으로 머리를 짜냈지만 풀리지 않자 아예 칼로 두 동강이를 내버렸다. 이렇게 해서 신비로운 이 매듭은 알렉산더의 손에 의해 풀리게 된 것이다. 예언대로 과연 알렉산더는 아시아의 통치자가 되었다. 그는 언제나 이 매듭의 교훈을 염두에 두고 어떤 문제를 고민할 때 절대 선입견에 사로잡히지 않고 가장 간단한 방법이 무엇인지를 먼저 생각했다고 한다.

대표적인 해결안 도출기법으로 많이 사용되는 TRIZ 기법은 창조적인 해결방안을 제시하는데 적합하다. TRIZ 기법에서는 한 가지 이상의 기술적 모순이 존재하는 문제를 '발명문제'라고 정의하고, 이 기술적 모순에 타협하지 않고 근본적으로 접근하여 창조적인 해결안을 찾는다. 결과적으로 TRIZ는 기술적 모순 관계를 창조적으로 해결하여 시스템을 발전시킨다.

TRIZ에서는 해결안의 수준을 5가지로 구분하는데 누구나 쉽게 개인의 지식으로 해결할 수 있는 1수준부터 완전히 새로운 시스템이나 기술을 탄생시키는 5수준까지로 구분한다. TRIZ는 현대의 복잡한 사회에서 발생하는 문제를 해결하는 데 적합하다. 기술적 모순을 근본적으로 해결하기 위해서는 다양한 분야의 기술과 과학 지식이 복합적으로 적용되어야 하는데, 이런 TRIZ의 특징이 현대 사회의 복잡한 문제해결에 효과적으로 작동할 수 있기 때문이다.

톡! Talk?

TRIZ(트리즈)

창의적 문제해결 방법론 TRIZ는 창시자 겐리히 알트슐러가 전 세계 200만 건 이상의 창의적인 특허를 분석하고 그중 가장 혁신적이라고 생각되는 약 4만 개의 특허를 정밀하게 연구하고 공통적인 요소를 추출하여 창의적으로 문제를 해결할 수 있는 원리를 발견한 것이다. 알트슐러에 따르면 대부분의 문제에 대한 해결책은 이미 어딘가에서 누군가가 개발해 존재하고 있었다. 분석한 4만 개의 특허 중 단 2%만이 무에서 유를 창조한 발명이며, 나머지 98%는 이미 알려진 아이디어를 활용해서 새로운 아이디어로 발전시킨 것이다. TRIZ는 기존의 특허를 귀납적 방식으로 분석하여 문제와 모순을 객관화한 창의적 아이디어 도출기법이다. 이미 검증된 해결 원리를 통해서 시행착오를 최소화할 수 있다는 점이 TRIZ의 가장 큰 장점이다.

TRIZ는 3가지 개념으로 이루어져 있는데 이상해결책, 모순, 자원이 그것이다.

TRIZ 문제해결법은 모순테이블을 분석하여 발명 원리를 적용하고 문제를 해결한다. 어떤 문제가 주어지면 그 문제의 모순을 드러내서, 그 문제를 가장 잘 해결할 수 있는 방안인 이상해결책을 제시한다. 그 후 이상적 해결책을 실행하는 데 활용할 수 있는 자원을 정의하여 문제를 해결하는 것이다.

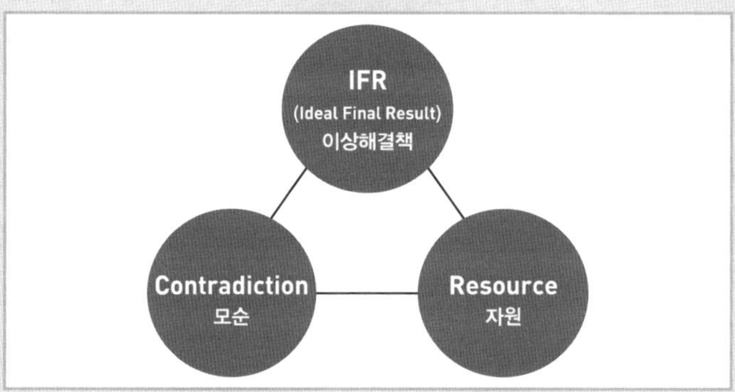

그림 9. TRIZ 3요소

TRIZ에서 말하는 모순이란 시스템에 관련된 것이다. 시스템을 유용하게 만들기 위해서 시스템의 다른 부분에 부정적인 영향을 미치게 될 수도 있다. 이와 같은 상황을 모순(Contradiction)이라고 한다. 자원은 그 종류가 매우 다양하다. 공짜로 또는 쉽게 획득할 수 있는 자원이 있으며, 희귀한 자원도 있다. 알려져 있는 자원이 있으며, 알려져 있지 않은 자원도 있다. 제어가 가능한 자원이 있으며, 제어가 불가능한 자원이 있다. 부족한 자원이 있는가 하면, 넘쳐나는 자원도 있다. 이 수많은 자원을 어떻게 활용하느냐에 따라 문제를 쉽게 해결할 수도 있고, 문제해결에 어려움을 겪을 수도 있다.

모순

해결이 필요한 모든 문제에는 모순이 있다. TRIZ에서 정의하는 모순은 3가지로 나누어진다.

첫 번째는 관리적 모순(Administrative Contradiction)이다. 문제를 해결하기 위해서 무엇인가를 해야만 하지만, 무엇을 어떻게 해야 할지를 모르는 상태를 말한다. 문제해결을 가장 어렵게 하는 모순이 바로 이 관리적 모순이다. 이런 모순이 발생하는 이유는 문제를 정확하게 정의하지 못했기 때문이다. 문제의 유형과 문제의 원인을 제대로 파악하지 못했기 때문에 적절한 해결책을 도출하지 못하는 것이 원인이다.

두 번째는 기술적 모순(Technical Contradiction)이다. 문제를 해결하기 위해서 적용한 해결책이 새로운 문제를 발생시키는 모순적 상황을 말한다. 즉, 시스템에 있어서 하나의 기술적인 특성이 개선되면 다른 기술적 특성은 악화되는 상황을 말한다. 예를 들어 자동차 엔진의 출력을 높이면 연비가 낮아지고, 자동차 엔진의 출력을 낮

추면 연비가 높아진다. 휴대폰의 처리속도를 높이기 위해 구동프로
세서의 속도를 높이면 발열과 배터리 수명이 짧아지는 문제가 발생
하는 것 같은 것이 그 예이다.

세 번째는 물리적 모순(Physical Contradiction)이다. 어떤 문제가
서로 상반된 상태를 동시에 요구받는 상황을 말한다. 즉, 어떤 상황
에서는 존재해야 하지만, 어떤 상황에서는 존재하지 않아야 하는
현상이나 기능이다. 비행기의 바퀴는 착륙 시에는 있어야 하지만 비
행 시에는 없어야 한다. 면도날은 좋은 성능을 발휘하기 위해서 날
카로워야 하지만, 피부 손상을 막기 위해서는 무뎌야 한다. 냉장고
문은 밀폐성을 위해서는 자석의 세기가 강해야 하지만, 편하게 열
고 닫기 위해서는 자석 세기가 약해야 한다는 것이 그 예이다.

이상해결책

문제해결의 방향성을 제시하는 이상해결책이 있다. 하나의 문제가
가장 이상적인 방향으로 해결되는 해결방안을 의미한다.

자원

이상해결책을 달성하기 위해서는 자원이 필요하다. 자원의 종류에
는 물질, 장, 기능, 시간, 공간, 정보(Substance, Field, Function, Time,
Space, Information) 등이 있다. 모순은 문제를 해결하는 데 있어 해
결해야 할 중요한 장애이다. 따라서 모순을 제대로 분석하고 파악

할 때 이상해결책을 도출할 수 있다.

그보다 더 중요한 것이 있는데 바로 자원(Resources)을 분석하는 것이다. 이 세상의 모든 물질이 자원이 될 수 있기 때문에 너무 추상적이고 막연하게 느껴져 무엇을 사용해야 할지 판단하기가 쉽지 않다. 그래서 자원을 유형별로 분류하는 것이 문제해결에 더 효과적이다. 자원은 크게 유형과 무형의 자원으로 나누어진다. 물질(Substance)은 시스템과 시스템이 접촉하는 환경을 구성하는 요소들을 말한다. 눈에 보이는 것들이 이에 해당한다고 생각하면 쉽다.

장(Field)은 쉽게 중력 같은 에너지이고, 기능(Function)은 작동 능력이라고 볼 수 있다. 정보(Information)는 자원의 상태를 말하는데 자원의 속성이라고도 할 수 있다. 시간(Time)과 공간도 중요한 자원에 해당한다.

6) 실행과 평가

해결방안을 도출한 후에는 구체적인 실행방안과 실행과제를 수립하여 실제 해결방안을 실행한 후 평가한다. 이 과정에 평가가 필요한 이유는 실행된 해결방안이 실제로 어떤 결과를 낳고 어떻게 문제에 영향을 미치는지를 파악해 피드백할 수 있기 때문이다. 피드백이 이루어지면 해결방안을 수정하고 보완하여 보다 완벽한 이상해결책을 만들 수 있다. 해결방안을 실행하고 결과를 평가하기 위해서는 해결방안을 실행한 결과와 효과를 점검하는 체크리스트를 만들어 확인해야 한다. 평가에서 확인해야 할 사항은 다음과 같다.

① 계획에 따른 실행 결과 평가

② 문제의 재발 가능성

③ 해결방안의 실행이 계획대로 진행되었는지의 여부(기간, 비용 등)

④ 해결방안 중 수정해야 할 사항 파악

⑤ 해결방안 중 제거해야 할 사항 파악

⑥ 해결방안 중 다른 문제에 영향을 미치는 사항 파악

해결방안의 실행은 실행 계획 수립, 실행, Follow-up의 절차로 진행된다.

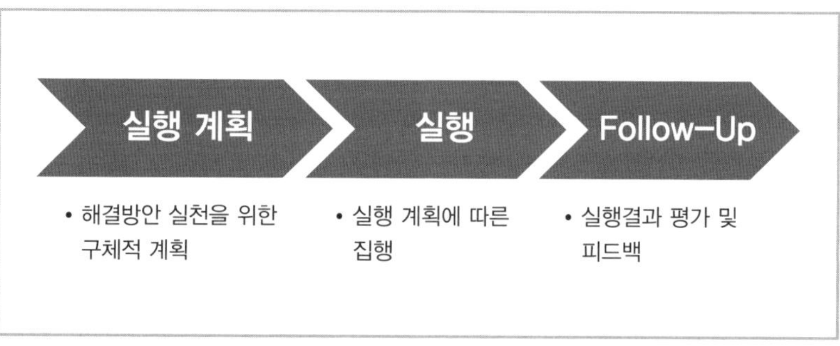

그림 10. 해결방안의 실행단계

학습평가

01. 다음 보기는 문제를 해결하는 5가지 절차를 나타낸 것이다. 각 절차를 순서에 맞게 배열해보자.

[보기] 원인 분석, 실행 및 평가, 해결안 개발, 문제 도출, 문제인식

(①) → (②) → (③) → (④) → (⑤)

02. 다음 진술의 괄호 안에 알맞은 말을 넣어라.

(　　　) 능력이란 목표와 현상을 분석하고 이 분석 결과를 토대로 문제를 도출하여 최적의 해결책을 찾아 실행, 평가해 처리해 나가는 일련의 활동을 수행하는 능력이라 할 수 있다.

03. 문제해결 절차 중 해결해야 할 전체 문제를 파악하여 우선순위를 정하고, 선정문제에 대한 목표를 명확히 하는 단계는?

① 문제도출　　　　　　　　② 원인 분석

③ 문제인식　　　　　　　　④ 해결안 개발

04. 다음 진술의 괄호 안에 알맞은 말을 넣어라.

원인 분석이란 파악된 핵심문제에 대한 분석을 통해 (　　　)을 도출하는 단계

05. 문제처리능력은 문제점의 근본원인을 제거하기 위해 해결방안을 모색하는 능력으로 문제해결 절차를 의미한다. 이 중 해결안을 사용하여 문제의 원인을 제거하는 단계는?

① 문제도출   ② 해결안 개발

③ 문제인식   ④ 실행 및 평가

문제인식

01. 다음 보기는 문제인식 절차를 나타낸 것이다. 각 절차를 순서에 맞게 배열해보자.

[보기] 과제 선정, 환경 분석, 주요 과제 도출

(①) → (②) → (③)

02. 다음 중 환경 분석의 방법으로 사업환경을 구성하고 있는 자사, 경쟁사, 고객에 대한 분석방법은?

① SWOT 분석   ② 3C 분석

③ 목표 분석   ④ 심층면접 분석

03. 기업내부의 강점, 약점과 외부환경의 기회, 위협요인을 분석 평가하고 이들을 서로 연관지어 전략을 개발하고 문제해결 방안을 개발하는 방법은?

① SWOT 분석   ② 3C 분석

③ MECE 사고   ④ SMART 기법

04. 다음 진술의 괄호 안에 알맞은 말을 넣어라.

[보기] 문제인식, 문제의식, 문제해결력, 문제처리능력, 의욕, 목표, 방법, 기술, 문제 해결 과정 중 가장 먼저 해야 될 일은 해결해야 할 문제를 인식하는 일이다. 그러나 문제를 인식하기 위해서는 현상에 만족하지 않고 전향적인 자세로 개선을 하고자 하는 (   )과 (   )이 있어야 한다.

05. 다음은 내부의 강점과 약점을, 외부의 기회와 위협과 대응시켜 기업의 목표를 달성하려는 SWOT 분석에 의한 발전전략의 수립 방법을 나열한 것이다 관계가 있는 것끼리 짝지어라.

· SO 전략　· 자신의 약점을 극복함으로써 외부환경의 기회를 활용하는 전략
· ST 전략　· 외부환경의 기회를 활용하기 위해 강점을 사용하는 전략
· WO 전략　· 외부환경의 위협을 회피하기 위해 강점을 사용하는 전략
· WT 전략　· 외부환경의 위협을 회피하고 자신의 약점을 최소화하는 전략

실행 및 평가

01. 해결안 개발을 통해 만들어진 실행 계획을 실제 상황에 적용하는 활동으로 당초 장애가 되는 문제의 원인들을 해결안을 사용하여 제거해 나가는 단계를 (   ) 단계라고 한다.

02. 다음 중 실행 계획을 수립할 때 고려해야 되는 사항이 아닌 것은?

① 실행상의 문제점을 해결하기 위한 모니터링 체제를 구축해야 함.

② 인적, 물적, 예산, 시간에 대한 고려를 통해 수립해야 함.

③ 실행의 목적과 과정별 진행내용을 일목요연하게 정리해야 함.

④ 해결안별 세부 실행내용을 구체적으로 수립해야 함.

03. 실행 및 Follow-up 단계에서 실행 과정에서 나온 문제점을 해결해 나가는 데 필요한 조치가 아닌 것은?

① 실행상의 문제점을 해결하기 위한 모니터링 체제를 구축해야 함.

② 인적, 물적, 예산, 시간에 대한 고려를 통해 수립해야 함.

③ pilot test를 통해 문제점 발견.

④ 해결안을 보완한 후 대상 범위를 넓혀서 전면적으로 실시.

04. 실행상의 문제점을 해결하기 위한 모니터링 체제를 구축해야 할 때 고려할 사항이 아닌 것은?

① 문제가 재발하지 않을 것을 확신할 수 있는가?

② 혹시 또 다른 문제를 발생시키지 않았는가?

③ 바람직한 상태가 달성되었는가?

④ 해결안별 세부 실행내용이 구체적으로 수립되었는가?

"창의성과 문제해결능력을 키워주는 NCS 교과서"

|5장|

문제해결을 위한 프로젝트, 사례가 정답이다

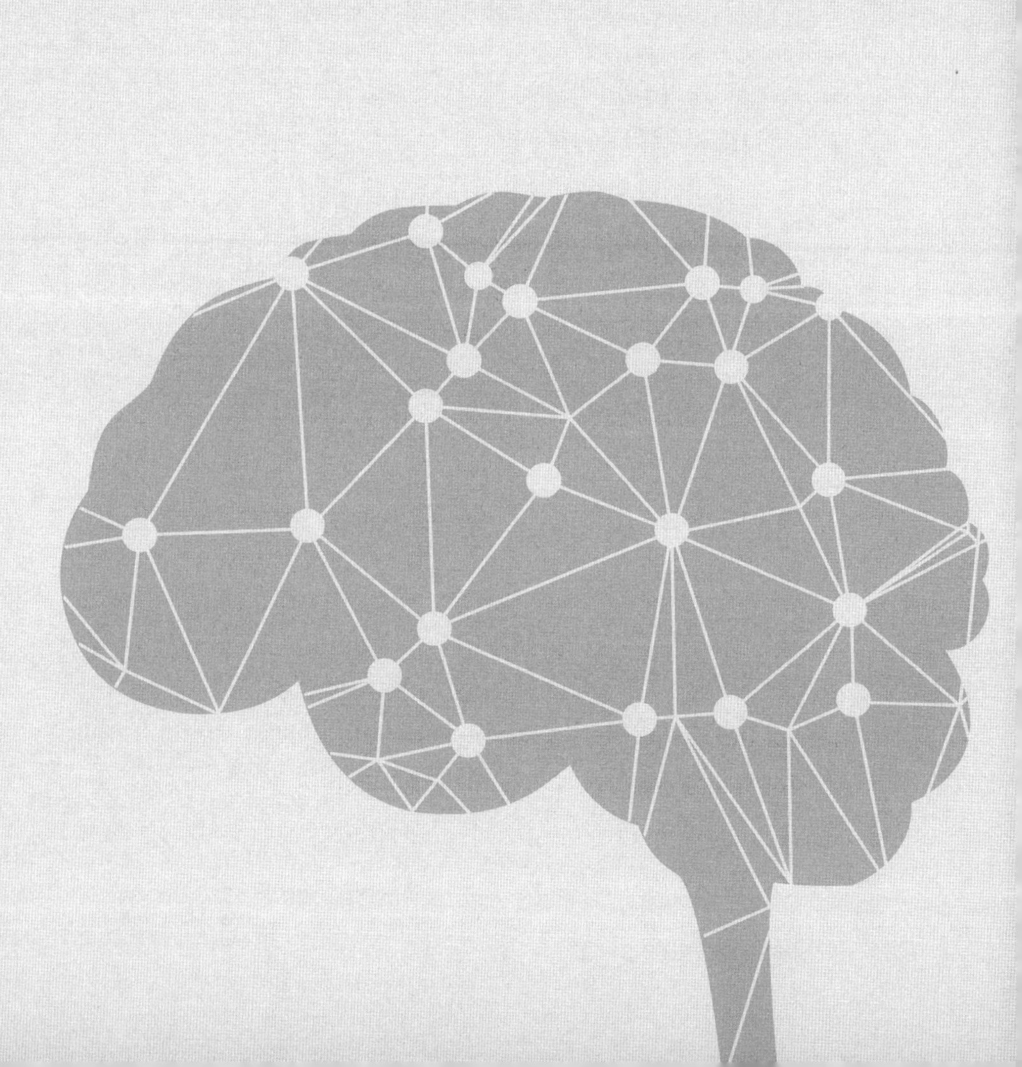

5.1
성공과 실패를 결정하는 프로젝트란 무엇인가?

1) 프로젝트의 정의

프로젝트의 특성은 일상적으로 반복되는 행위가 아니라 특정한 목적과 목표를 위해 일정한 기간 동안 수행되는 일련의 활동으로, 유일한 결과물을 창출한다는 것이다. 프로젝트의 특징은 다음과 같다.

① 명확한 목적과 목표를 가짐: 프로젝트는 유일한 결과물을 목표로 한다.

② 한시적(Temporary): 프로젝트는 한시적이며, 명확한 개시일과 종료일을 가진다.

③ 독특함(Unique): 프로젝트는 기존에 없던 유일한 프로젝트의 목표가 달성될 때 종료된다.

④ 점진적 상세화(Progressive Elaboration): 초기의 개략적인 범위 정의에서 시작하여 점차 구체화하여 구현된다.

2) 프로젝트 관리의 정의

프로젝트의 이해당사자(Stakeholder)와 요구사항을 만족시키기 위해 지식, 기술, 툴 및 기법을 프로젝트 활동에 적용하는 것을 의미한다. 프로젝트 관리에서 이해해야 할 주요 개념은 이해당사자, 프로젝트 라이프사이클(Project Lifecycle), 프로젝트 관리 영역, 프로젝트 관리 프로세스 등이다.

① 이해당사자(stakeholder)

프로젝트에서 이해당사자는 고객, 스폰서, 프로젝트 팀원, 관련 타 프로젝트 팀원 등으로 이뤄진다. 이들은 프로젝트의 목표나 기타 조건, 프로젝트의 진행에 결정적인 영향을 미치므로 프로젝트의 성공은 이들의 요구를 만족시킬 수 있느냐 없느냐에 따라 결정된다. 그러나 이해당사자는 특성과 영향력 정도가 다르고 그들의 개입, 참여가 프로젝트 진행에 큰 영향을 미치므로 권한, 책임 등에 따라 분류해서 관리해야 한다.

② 프로젝트 라이프사이클(Project Lifecycle)

프로젝트의 시작에서 종료까지의 기간을 의미하며 이 기간은 여러 단계로 나누어진다. 프로젝트가 크든 작든 모든 프로젝트는 일정한 라이프사이클을 갖는다.

③ 프로젝트 관리 영역과 프로젝트 관리 프로세스

- 목표 달성을 위한 영역: 범위, 일정, 원가로 나누어지며, 이를 프로젝트 Core 프로세스라고 한다.

- 프로젝트의 수단 영역: 품질, 인력, 의사소통, 위험, 구매로 나누어
  지며, 이를 Facilitating 프로세스라고 한다.
- 프로젝트 관리 프로세스: 착수(Initiation), 계획(Planning), 수행
  (Executing), 감시 및 통제(Monitoring & Controlling), 종료(Closing)의
  5개 그룹 프로세스로 나누어진다.

3) 프로젝트 관리 프로세스

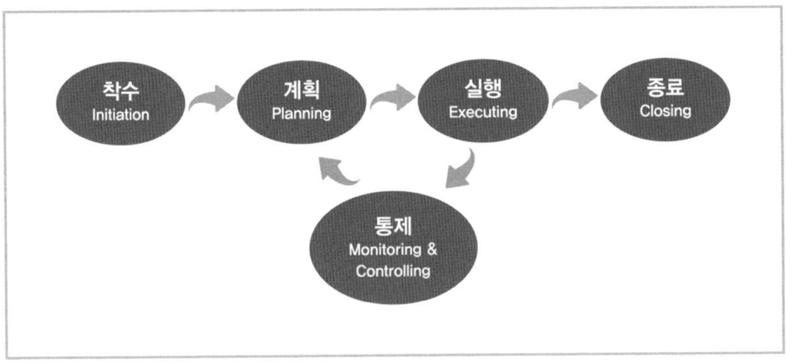

그림 11. 프로젝트 프로세스

① 착수(Initiation): 새로운 프로젝트나 프로젝트 단계의 시작을 공식
  적으로 승인받기 위해 진행할 프로세스들로 구성된다.
② 계획(Planning): 프로젝트가 수행해야 할 목표 및 범위를 달성하기
  위해 필요한 행동방침을 수립하는 단계이다.
③ 실행(Executing): 프로젝트 수행에 필요한 인력과 자원을 갖추고
  프로젝트 계획을 행하는 단계이다.

④ 통제(Monitoring & Controlling): 프로젝트가 계획대로 잘 수행되고 있는가를 주기적으로 검토하고, 프로젝트 목표를 달성하는 데 필요하면 시정조치를 취할 수 있도록 한다.

⑤ 종료(Closing): 결과물의 인수를 공식화한다. 계약의 의무를 수행했다고 판단되면 프로젝트를 종료한다.

표 9. 프로젝트 관리의 영역과 내용

관리 영역	내용
프로젝트 통합 관리	프로젝트 헌장 개발, 프로젝트 관리 계획 수립, 프로젝트 실행 지시 및 관리, 프로젝트 작업 감시 및 통제, 통합 변경 통제, 프로젝트 종료 관리 등
프로젝트 범위 관리	프로젝트 범위 계획, 범위 정의, 작업 분류체계 작성, 범위 검증, 범위 통제 등
프로젝트 일정 관리	작업 정의, 작업 순서 배열, 작업별 자원 산정, 작업 기간 산정, 일정 개발, 일정 통제 등
프로젝트 비용 관리	자원 계획, 비용 산정, 비용 예산 및 비용 통제 등
프로젝트 품질 관리	품질 계획, 품질 보증, 품질 관리 등
인적자원 관리	조직 계획, 인적자원 획득, 프로젝트 팀 확보, 프로젝트 팀 개발, 프로젝트 팀 관리 등
위험 관리	위험 관리 계획, 위험 식별, 정성적 위험 분석, 정량적 위험 분석, 위험 대응 계획, 위험 감시통제 등
프로젝트 의사소통 관리	의사소통 계획, 정보 배포, 진척 관리, 종료 절차 등
프로젝트 조달 관리	획득 계획, 공급자 유치 계획, 공급자 선정, 계약 관리, 계약 종료 등

4) 성공적인 프로젝트 관리를 위한 핵심사항

프로젝트를 성공적으로 관리하기 위해 프로젝트 관리자는 팀 구성원들이 무엇을 하고 있는지를 파악하고, 진척상황을 추적, 잠재적인 문제점을 파악하고 예방하기 위한 노력을 다해야 한다. 다음의 6가지 사항은 프로젝트를 성공적으로 관리하기 위한 가장 중요한 사항들을 정리한 것이다.

① 책임과 기한을 미리 정의하고 공유하라.

목록에 적힌 과업은 목록일 뿐이다. 처음부터 팀원들이 어떤 결과를 달성해야 하는지를 명확하게 하고 그것을 전체 팀원들이 이해해야 한다. 그러므로 시작부터 로드맵과 일정을 마련하고 팀원들이 정확히 공유하며 주요 과제를 충족시키는지 주기적으로 확인해야 한다.

② 프로젝트의 진행사항을 공유할 수 있도록 하라.

프로젝트는 협력적 작업이다. 누구 한 사람의 능력이나 노력으로 목표를 성취할 수 없다. 따라서 성공적인 프로젝트를 위해서는 팀 전체의 협력이 결정적인데, 이 협력을 끌어내기 위해서는 모든 팀원이 자신의 역할을 다하고 이런 상황이 공유되어야 한다. 프로젝트의 모든 작업은 유기적으로 연결되어 있으므로 다른 팀원의 작업이 서로의 작업에 영향을 미친다. 따라서 이런 진행상황을 언제든지 손쉽게 파악할 수 있어야 효과적인 프로젝트 진행을 기대할 수 있다. 또한 정보의 공유는 프로젝트의 가시성을 높여주는데 이런 가시성은 감시와 검토라는 수고가 줄어든다는 것을 의미한다. 가시성의 수준은 문제를 조기에 파악하는 데 도움이 된다. 정보는 문서나 파일로 파악하는 것이 가장 빠른데, 문서나 파일을 공유하는 툴로 구글 문서도구(Google Docs) 등을 사용할 수 있다.

③ 프로젝트 진행과 관련된 회의는 주기적이고 공식적으로 갖는다.

정보 공유를 위해 도구를 이용할 수도 있지만 직접 보면서 회의를 통해 주요 계획과 전반적인 상황에 대해 공유하고 문제해결이나 새로운 방향에 대해 논의하는 것이 프로젝트를 성공적으로 이끄는 중요한 요소이다.

④ 문서화하고 피드백은 반드시, 그리고 즉각적으로 하라.

프로젝트를 성공적으로 추진하기 위해서는 모든 내용을 문서화해서 기록으로 남겨야 추후에 혼란이나 분쟁을 막을 수 있다. 프로젝트의 진행상황을 문서화된 지표로 관리하고 프로젝트 진행상황이나 문제점에 대한 피드백은 반드시 해야 하며, 즉각적으로 피드백하는 것이 효과를 높일 수 있다.

⑤ 진척상황과 도움의 필요 여부를 확인하되 책임은 명확히 하라.

팀원들의 적극적인 참여와 책임을 자연스럽게 유도해야 한다. 진행상황을 지속적으로 살피며 도움이 필요한지를 확인한다. 주기적인 의사소통이 필요하고 팀원들이 프로젝트 중 만나는 장애물을 극복하기 위해 서로 돕는 것은 프로젝트의 성공을 위해서 매우 중요하다. 그러나 너무 진행 과정에 대해 압력을 가하거나 반대로 무책임하게 도움에 의존하는 것은 삼가야 한다.

⑥ 온라인 소통수단을 적극 활용하라.

온라인 소통수단을 활용하면 지속적인 의사소통을 통해 서로 정보를 공유하는 기회를 늘릴 수 있다. 다양한 SNS를 이용하면 물리적인 제약을 넘어 문제가 발생하거나 정보를 공유할 필요가 있을 때 즉각적으로 서로 연결이 가능하다. 모두가 참여하는 협의는 주기적으로 하되 긴급하거나 유용한 정보를 공유해야 할 때는 적극적으로 활용하는 것이 좋다.

5) 프로젝트 관리 시 반드시 지켜야 할 사항

프로젝트를 성공시키기 위해 반드시 지켜야 할 사항을 다음과 같은 5가지로 정리할 수 있다.

① 일정 지키기

가장 기본적인 사항이지만 또한 가장 지키기 어려운 목표이기도 하다. 프로젝트를 진행하는 과정에서 요구조건과 주변상황이 자주 바뀌게 된다. 그러나 일정은 최초의 계획에 맞추어져 있기 때문에 그 일정대로 프로젝트를 완료하는 것이 쉬운 일은 아니므로 언제나 일정관리에 신경을 써야 한다. 이를 위해서 통제 프로세스를 통해 변경된 내용을 관리하도록 하고 항상 계획을 업데이트해서 일정을 재조정해야 한다.

② 예산 범위 내에서 끝내기

예산 범위 내에서 프로젝트를 마무리하는 것은 프로젝트를 진행하는 입장에서 매우 중요한 목표이다. 기간 또한 예산과 관계된 사항이지만 투입인력, 장비, 재료 등에 소요되는 비용이 예산에 해당되므로 각 작업마다 소요 비용을 정확히 산정해서 변경되는 부분이 발생하면 이를 보완할 계획을 수립해야 한다. 예산 범위를 초과하는 경우 프로젝트를 완료하더라도 성과가 없게 될 수도 있으니 주의한다.

③ 요구조건 맞추기

프로젝트의 목적은 그 프로젝트만의 유일한 결과를 산출하는 것이다. 따라서 최초의 요구조건 이상의 결과를 도출해야 한다. 주의해야 할 점은 시작 단계에서 요구조건, 즉 목표를 명확하게 하는 것이다. 요구사항들이 어떤 식으로든 불명확한 경우 추후에 분쟁의 소지가 되거나 해결해야 할 일의 범위가 눈덩이처럼 불어나 프로젝트가 실패로 끝날 수도 있다.

④ 고객 만족시키기

일정을 지켜 원하는 목적에 도달했음에도 발주한 고객이 만족하지 않는 경우도 있다. 프로젝트를 진행하는 동안 상황이나 기술의 변화로 애초에 제안한 내용이 효용가치가 없어지는 경우가 이에 속한다. 프로젝트 진행자들은 이런 환경의 변화에 주목하고 전체 프로젝트 진행 과정 중 이런 정보를 투명하게 제공할 의무가 있다. 목표를 재조정해야 할 필요가 있다면 협의를 통해 새로운 프로젝트로 전환하는 것이 고객을 만족시키는 일이 될 것이다.

⑤ 팀원 만족시키기

프로젝트의 성공에 팀원들의 만족도는 상당히 중요한 요소이다. 팀원들이 자신의 역할에 만족하고 보람을 느낄 때 더 높은 성과를 기대할 수 있기 때문이다. 팀원들에게 적절한 보상을 제공하고 각자의 강점을 살린 일을 할당하면 팀원들의 만족도와 사기가 높아진다.

6) 프로젝트 실패의 이유

프로젝트가 실패하는 가장 큰 이유는 프로젝트 팀이 프로젝트에 필요한 전문적 지식이 없거나 프로젝트를 효과적으로 수행하는 데 필요한 의지가 없어서이다. 프로젝트에 문제가 발생하게 되는 경우는 다음과 같은 이유들 때문이다.

① 이행이 불가능한 무리한 약속
② 지나친 낙관주의: 일정에 대한 정확한 분석 없이 막연히 할 수 있을 것이라는 판단
③ 벤처기업 정신: 충분한 인력과 자원이 없으면서 불가능한 프로젝트에 도전
④ 무모한 저돌적 태도: 팀원들에 대한 무리한 업무 요구, 매일 밤샘을 할 수 있다고 믿는 프로젝트 관리자의 태도
⑤ 기술과 시장 환경의 변화에 의한 경쟁의 심화

프로젝트에 문제를 발생시키지 않기 위해 하지 말아야 할 행동의 예는 다음과 같다.

① 첫 결과물이 완성품이라고 생각해서는 안 된다.
② 팀원들을 비난하지 마라.
③ 모든 팀원이 헌신적일 것이라고 기대하지 마라.
④ 팀원 가운데 한 사람에게만 너무 의지하지 마라.
⑤ 이해하기 어려운 사항이 있을 때 질문하기를 꺼리지 마라.
⑥ 규정을 어기는 일을 두려워하지 마라.
⑦ 손쉬운 방법을 선택하면 일이 줄어드는 것이 아니라 잠시 연기될 뿐이다.

톡! Talk?

RACI 모델

프로젝트의 역할과 책임을 정의하고 문서화하기 위해 사용하는 가장 간단하면서 효과적인 접근방식은 RACI 모델이다. RACI 모델에서는 4가지 역할모델을 정의하는데, 이것은 관련자들이 프로젝트에서 담당하는 역할에 관한 구조와 명확성을 제시한다. 이를 통해서 팀원들의 책임을 명확히 하고 프로젝트에서 필요한 모든 것을 누락 없이 '실무자'에게 할당하도록 하는 하나의 행렬(Matrix)이다.

RACI 모델은 과업, 중요한 단계, 핵심 의사결정 등 모든 것을 목록으로 만들고 누가 책임(Responsible)을 지며, 누가 책무(Accountable)를 다하고, 적절한 곳에서 누가 컨설팅(Consulted) 또는 정보(Informed)를 필요로 하는지를 명확히 한다. RACI는 프로젝트 관련자들이 프로젝트에서 담당할 수 있는 4가지 역할의 첫 글자를 딴 것이다.

R 책임(Responsible): 프로젝트의 '실무자'인 사람 또는 관련자에게 할당된다. 이들은 과업 또는 목표를 완수하거나 의사결정을 내린다. 경우에 따라서는 여러 사람들이 공동으로 책임을 질 수도 있다.

A 책무(Accountable): 프로젝트의 '소유자'인 사람 또는 관련자에게 할당된다. 이 사람은 과업, 목표, 의사결정이 완료되었을 때 승인이나 승낙을 제공한다. 이 사람은 반드시 모든 관련 활동에 관한 행렬에서 책임이 할당될 수 있도록 해야 한다. 성공을 위해서는 한 사람만이 책무를 담당해야 하며, 그 사람이 바로 '책임지는 사람'이 되어야 한다.

C 컨설팅(Consulted): 프로젝트를 처리하고 승인하기에 앞서 투입요소를 제공해야 하는 사람 또는 관련자에게 할당된다. 이런 사람들은 '중심인물'이며 능동적인 참여자이다.

Ⅰ 정보(Informed): '관련'되어야 하는 사람 또는 관련자에게 할당된
다. 그들은 진척상황 또는 의사결정에 관한 업데이트를 필요로 하
지만 공식적인 컨설팅을 필요로 하거나 과업 또는 의사결정에 직접
기여할 필요는 없다.

RACI 모델을 구축하기 위해서는 다음의 6단계를 거쳐야 한다.

① 프로젝트를 제공하는 데 필요한 모든 과업을 규명하고 차트의
    왼쪽에 완료 순서대로 기입하여 목록화한다.

② 모든 프로젝트 관련자들을 확인하고 차트의 윗부분에 기입하여
    목록화한다.

③ 누가 책임과 책무를 지고 있는지, 그리고 각 과업에 대한 컨설팅
    과 정보를 필요로 하는지를 확인하여 모델의 셀(Cell)을 채워 넣
    는다.

④ 과업당 최소한 1명의 관련자가 책임을 지도록 한다.

⑤ 책무를 지는 관련자는 과업당 1명을 초과하지 않는다. 특정 과업
    에 1명 이상이 할당되어 있을 때는 갈등을 해결한다.

⑥ 프로젝트를 시작하면서 관련자와 RACI 모델에 관하여 공유하고
    논의하며 합의한다. 여기에는 갈등 또는 모호성의 해결이 포함
    된다.

구분	팀원 A	팀원 B	팀원 C	팀원 D	팀원 E
업무 1	C	I	I	R	A
업무 2	R	C	–	I	A
업무 3	I	R	C	A	R
업무 4	A	I	R	C	C

프로젝트 진행 절차

1) 목표 설정(주제 정하기)

프로젝트에서 가장 중요한 단계는 목표를 설정하는 것이다. 목표 설정은 고객의 요구에 의해서 결정되는 것이 일반적이지만, 기업이나 조직 내부의 당면한 문제나 미래의 목표에 의해서 결정되는 경우도 적지 않다. 학교에서 실습을 하는 경우는 프로젝트의 주제를 정하는 단계이다.

이 목표는 고객의 요구나 조직의 당면한 과제를 해결할 수 있는 수준이 되어야 하는 것이 당연하지만, 현실적으로 달성 가능한 수준이어야 하는 것이 더 중요하다. 프로젝트 수행팀이 활용 가능한 자원과 그들에게 주어진 수행 기간은 프로젝트의 성패에 결정적인 영향을 미치는 중요한 요소이다.

자원에는 프로젝트 팀의 구성원, 조직 내·외부의 지원, 재정 문제 등이 포함되는데 문제는 대부분의 프로젝트에는 자원이 풍족할 수 없다는 것이다. 자원보다 더 민감한 문제는 프로젝트 수행 기간이다. 프로젝트에서 정해진 기한을 지키지 못하면 아무리 좋은 결과를 내놓아도 쓸

모가 없어지는 경우가 허다하기 때문이다. 특히 기업에서 경쟁 업체보다 늦게 제품을 출시해서 더 좋은 기능을 보유했음에도 불구하고 시장에서 자리를 잡지 못하고 퇴출되는 사례를 셀 수 없이 많이 보았다. 자원은 프로젝트의 성격에 따라서 충분히 제공될 수도 있지만 시간은 인간의 힘으로 어찌할 수 없기 때문에 그 중요성이 더 크게 작용한다.

이런 이유 때문에 적절한 타협(trade-off)이 필요하다. 우리는 타협이라는 말에 부정적인 이미지를 가지는 경우가 많지만, 실제로 과제를 수행하거나 문제를 해결하기 위해서는 여러 가지 조건을 고려한 조정이 필요하다. 이런 조정의 과정을 타협이라고 부르는 것이다. 이런 과정에서 가장 우선 고려되어야 하는 것은 수행 기간이며 기한을 지키기 위해서는 약간의 도달 수준(예를 들어 품질이나 포함된 기능 등)을 낮추는 조정이 필요한 경우가 발생한다. 물론 이것은 절대적인 것은 아니다. 오히려 많은 경우 기한을 맞추어야 한다는 지나친 압박이 제품의 품질을 떨어뜨리거나 예상치 못한 오류가 발생해서 커다란 피해를 가져오는 결과를 초래하기 때문이다. 얼마 전에 크게 이슈가 되었던 모 스마트폰의 발화 문제도 이런 제품출시 시기를 지나치게 짧게 잡았던 것이 주된 원인이라는 분석도 있음을 주목해야 한다.

중요한 것은 프로젝트의 목표를 설정할 때 이런 제한된 자원과 시간을 고려해서 사전에 확실하게 그 수준을 정해야 한다는 것이다. 가용 가능한 자원과 주어진 기간을 고려해서 목표의 수준(제품의 품질 및 기능, 문제해결의 수준 등)을 사전에 명확히 하는 과정이 목표 설정이라고 정의할 수 있다.

2) 프로젝트 기획

프로젝트의 목표가 설정되고 나면 프로젝트를 수행하기 위한 구체적인 계획을 수립해야 한다. 이 과정은 프로젝트의 목표와 밀접한 관계를 가지며 목표를 달성하기 위해서 어떤 절차와 어떤 자원을 활용하며, 어떤 단계를 거쳐서 프로젝트가 수행되어야 하는지 구체적으로 시간에 따라서 각자의 역할과 책임을 명시하는 것이다.

프로젝트를 효과적으로 수행하기 위해서는 프로젝트 기획의 단계에서 몇 가지 질문에 대한 답을 기반으로 출발하는 것이 필요하다.

먼저 이 프로젝트를 수행하는 이유와 기대하는 결과는 무엇인가? 프로젝트를 수행하기 위해서 참여할 인원과 최소한의 소요시간은 얼마인가? 프로젝트를 수행하는 데 해결해야 할 중요한 장애요인과 예측해야 할 위험요인은 무엇인가? 협조를 얻어야 하거나 필요한 자원은 무엇인가? 어떤 일들을 해야 하는가? 기본적으로 이런 질문들에 대한 명확한 답을 바탕으로 프로젝트 기획에 착수할 때, 프로젝트 추진 과정에서 시행착오나 어려움을 최소화하고 프로젝트를 성공적으로 이끌 수 있을 것이다.

프로젝트의 실행 과정은 계획의 승인으로부터 출발한다. 계획의 승인은 공식적으로 프로젝트의 목표에 대한 공유와 승인이 이루어짐을 의미한다. 이를 위해서 문서로 작성된 기획서를 확정하고 공유해야 하는데, 이 과정에서 반드시 책임 있는 당사자들의 문서에 대한 승인이 필요하다. 여기에서 당사자는 프로젝트를 의뢰한 고객이나 조직의 책임자, 프로젝트에 참여할 구성원과 프로젝트에 관계된 부서나 개인을 의미한다. 이들이 프로젝트에 대한 이해를 공유하고 자신의 책임과 역할에 대한 승인을 하는 것은 프로젝트의 성공을 위해서 반드시 선행되어야 할 절차이다.

따라서 프로젝트 계획서는 프로젝트를 관리하기 위한 접근 방법과 접근 전략을 담고 있어야 한다. 프로젝트를 범위 중심으로 개략적 내용을 기술하고 어떤 작업이 이루어질지 작업을 분류하여 제시해야 한다. 프로젝트에 소요되는 예산을 산정하고 일정을 계산하는 것도 중요한 내용의 하나이다. 좀 더 구체적으로 프로젝트에 참여하는 부서나 구성원의 책임 할당 범위를 명시하고 일정 및 비용에 대한 가이드라인을 정하고 있어야 한다.

프로젝트가 진행되는 주요 단계나 진행을 제약하게 되는 일정을 파악하여 프로젝트에 참여하는 구성원이 공유하면 집중적으로 역량을 투여할 수 있으므로 일정에 차질이 생기는 것을 방지할 수 있다. 그리고 핵심 기술인력 및 비용에 대한 별도의 관리 계획이 포함되어야 하며 최하위 단계로 세부 관리 계획을 수립해야 한다. 프로젝트의 범위, 일정, 비용, 품질, 인적자원, 의사소통 방법, 위험요소, 자원 조달 계획, 이슈 및 결정되지 않은 사항에 대한 구체적인 사항을 자세하게 기술하여 프로젝트에 대한 목표와 진행방법에 대한 통일된 상을 갖도록 한다.

프로젝트의 목표가 달성되었는지 평가하기 위해서는 객관적인 기준이 필요하다. 이를 위해서는 목표의 달성 정도를 측정하는 도구를 사전에 계획서에 기술해야 프로젝트 수행 후에 분쟁을 막을 수 있다.

이처럼 프로젝트 기획서의 의미는 프로젝트 관리자뿐만 아니라 프로젝트의 이해당사자 모두가 사전에 합의를 거침으로써 프로젝트를 진행해가면서 참조하는 프로젝트의 기준이 되는 문서라는 것이다. 프로젝트 기획서의 작성 순서는 먼저 프로젝트에서 수행해야 할 세부적인 과제를 정의하고 그 하위 구조로 세부 과제들을 수행하기 위해 필요한 업무량(보통 man-month로 일컬어짐)을 예측하고 인적자원을 포함한 다양한 자원을 각 세부 과제에 할당한다. 다음으로 이들 과제를 수행하는 일련의 과정을 일정별로 정리하고 마지막으로 프로젝트 이해당사자들의 검토를 거쳐 공식적으로 승인한다.

기획서가 중요한 이유는 합의된 문서를 바탕으로 프로젝트 진행 과정을 주기적으로 점검하고 통제할 수 있다는 것이다. 이것은 프로젝트가 크고 참여자가 많을수록 더 중요해진다.

3) 자료조사 및 해결방안 검토

프로젝트 계획이 수립되면 본격적으로 프로젝트를 진행하게 된다. 주어진 문제나 과제를 해결하기 위해서는 해결방안을 찾고 이를 효과적으로 수행해야 하는데, 이때 해결방안을 제대로 도출하는 것이 핵심이다.

올바른 해결방안을 도출하기 위해서는 충분한 정보와 활용 가능한 자원에 대한 검토가 이루어져야 한다. 앞 장에서 다룬 SWOT 분석이나 IS NOT 발상법 등이 활용될 수 있을 것이다.

무엇보다 충분하고 정확한 자료를 수집하고 분석하는 것이 필요하며 활용 가능한 모든 자원을 테이블 위에 올려서 이를 기반으로 문제해결을 위한 방안을 모색해야 한다. 그런데 대부분 이 과정에서 자신에게 익숙한 정보와 자료에 의존함으로써 잘못된 해결방안으로 접근하게 된다.

프로젝트의 문제가 명확히 정의되면 다음 단계로 문제해결 방법을 찾기 위한 자료조사와 분석을 수행한다. 문제와 관련된 자료조사 계획을 수립하는 것은 문제해결을 위한 효과적인 자료를 수집할 수 있도록 조사의 범위와 방법을 결정하는 것이다. 문제해결을 위한 정보와 자료가 매우 한정되어 있는 경우도 문제이지만 너무 많은 자료와 정보도 문제해결을 어렵게 하는 원인이 된다. 이럴 경우 어떻게 자료 수집을 위한 영역과 범위를 제한하고 필요한 자료들을 추출할 것인지에 대한 전략이 필요하다.

필요한 자료나 정보는 조사자가 직접 수집하고 가공하거나 다른 사람이나 기관에서 만들어 놓은 자료를 찾아서 이용할 수도 있다. 자료나 정보를 조사자가 직접 만들지 않고 쉽게 얻을 수 있다면 그렇게 하는 것이 시간, 비용, 노력을 줄일 수 있을 것이다. 그러나 기존의 자료가 당면한 조사 문제를 해결하는 데 적합하지 못한 경우 조사자가 직접 자료수집 계획을 수립하고 실행해야 한다.

자료는 먼저 1차 자료와 2차 자료로 나눌 수 있다. 2차 자료는 간접적으로 수집할 수 있는 자료로 조직의 내·외부에서 보유하고 있는 자료이다. 예를 들어 기업의 고객 개인정보나 과거의 거래내역과 같이 기업이 내부적으로 수집·보유하고 있는 정보와 연구보고서 등과 같은 가공된 자료들이다.

가. 1차 자료(primary data)

1차 자료는 현재 수행 중인 조사의 목적을 달성하기 위해 프로젝트 팀이 직접 수집하는 자료이다. 양질의 자료를 수집하기 위해서는 철저한 조사 설계를 통해 사전 준비를 잘 해두어야 한다.

조사 설계는 조사 대상을 선정하는 표본 추출방법을 결정하고, 이들을 대상으로 측정해야 할 내용과 기준을 정하며, 설문, 면접조사, 투사법 등 자료 수집방법을 결정하는 과정을 의미한다. 많은 비용, 인력, 시간이 소요되는 1차 자료에 비해서 이미 자료가 확보되어 있는 2차 자료를 충분히 검토해서 활용 가능한 자료를 분류하여 1차 자료 수집에서 중복되는 자료를 수집하는 낭비를 줄일 수 있다.

1차 자료는 설문이나 서베이, 면접 등의 방법으로 자료를 수집하거나 특정 대상을 상대로 특정한 목적으로 관찰을 시행해서 수집하게 된다.

설문지를 통해서 조사 대상의 행동 양식이나 경향을 조사하기도 하는데, 이때는 대면조사, 전화조사, 우편조사, 인터넷 조사 등의 방법을 활용한다. 이 방법은 시간과 비용 측면에서 유리하기 때문에 가장 많이 활용되는 자료조사 방법이지만 조사 대상의 선정이나 설문문항, 조사자에 따라서 편향이 심하게 나타날 수 있다는 단점이 있다.

이런 단점을 보완하는 방법으로 면접법이 활용되기도 한다. 면접법은 특정 대상에 대해서 심층적인 질문을 던짐으로써 특정 영역에 대한 심도 있고 다양한 변인들을 찾아내는 방법인 심층 면접조사와 문제에 절대적인 영향을 미치는 그룹의 대표적인 표본을 한자리에 모아서 면담을 하는 표적 그룹조사(FGI : Focusing Group Interview)가 있다. 보다 정확하고 심층적인 응답을 이끌어내기 위한 면접법도 표본의 선택이나 조사자의 역할에 따라서 많이 영향을 받으므로 정밀한 설계가 필요하다. 특히 표적 그룹조사에서는 분위기를 주도하는 몇몇 참가자 때문에 전체적인 분위기가 끌려갈 수 있으므로 진행자가 이런 부분을 잘 조절해서 참가자 모두가 동등하게 의견을 제시할 수 있도록 해야 수집되는 데이터에 왜곡이 발생하는 것을 막을 수 있다.

심리학적 방법을 이용한 투사법이 이용되기도 한다. 투사법은 비교적 구조화되지 않은 자극을 통해서 개인이 인식하지 못하는 무의식적이고 역동적인 욕구들을 알아보고자 하는 조사법이다. 일반적인 설문이나 면접방법에서 개인의 의식적인 왜곡이 일어나는 것을 보완할 수 있는 방법으로 보다 정직하고 정확한 응답을 이끌어낼 수 있다는 것이 장점이다. 자료조사법보다는 진단과 치료에 주로 사용되는 기법이다.

투사법의 종류에는 주제통각방법(TAT), 로흐샤하 잉크반점검사(RIBT), 단어연상검사(WAT), 문장완성검사, 도형검사(로렌츠바이크의 그림좌절검사, 존디검사) 등이 있다.

1차 자료는 조사 목적에 적합한 정확도, 타당도, 신뢰도 등을 고려해서 자료를 수집하는 방법을 결정할 수 있다는 장점이 있다. 이에 비해서 많은 비용, 인력, 시간이 소요된다는 단점으로 인해 적절한 2차 자료의 활용이 프로젝트 수행 비용을 절감할 뿐 아니라 수행시간을 줄이는 중요한 요소이다.

나. 2차 자료(secondary data)

2차 자료는 다른 조사자에 의해 수집되어 공개된 자료를 말한다. 프로젝트 수행 목적에 도움이 되는 기존에 존재하는 조직 내·외부의 모든 자료를 의미한다. 1차 자료를 제외한 모든 자료를 의미하는데 다른 개인이 수집한 자료, 연구보고서, 기업체, 정부기관, 신문기사, 각종 조사기관의 간행물 등이 모두 포함된다.

2차 자료는 이미 존재하는 자료이므로 자료를 수집하기 위해서 지불해야 하는 시간이나 비용을 줄일 수 있다는 장점이 있다. 1차 자료로 수집하기 어려운 자료들을 쉽게 확보할 수 있으며, 1차 자료와 비교해서 자료 수집방법의 타당성이나 자료의 신뢰성을 확인할 수 있다는 장점이 있다.

2차 자료의 종류에는 조직 내부에 보유하고 있는 내부 자료와 조직 외부에 있는 외부 자료로 구분할 수 있다. 내부 자료는 조직의 일상 업무와 관련하여 발생하는 여러 가지 형태의 자료를 말한다. 각종 기록과 보고 자료, 이전에 실시된 마케팅조사 자료, 판매기록이나 고객 정보 자료를 들 수 있다. 내부 자료는 언제나 접근할 수 있으며 비용이 거의 발생하지 않고 무엇보다 신뢰할 수 있는 자료이다. 자료 수집에서 가장 먼저 접근해야 할 자료이다.

외부 자료는 기업 외부의 다른 개인이나 조직에서 보유하고 있는 자료이다. 이 중 가장 많은 자료들은 공공기관에서 발행한 각종 연구보고서, 통계 자료, 동향분석 자료이다. 이런 자료들은 대부분 무료나 매우 적은 비용으로 접근할 수 있다. 그러나 개인이나 다른 사적기관에서 발행하는 연구보고서 및 정기간행물, 그리고 전문조사기관의 자료는 접근이 제한되거나 일정 정도의 비용이 수반된다.

그럼에도 불구하고 2차 자료는 1차 자료에 비해 수집이 쉽고, 수집 비용이 저렴하다는 장점이 있다. 그러나 해당 자료가 현재 진행하는 조사와 정확하게 일치하지 않는 경우가 많고, 일치도가 높다고 하더라도 조사 시점이 상당히 경과하여 시의적절하지 못한 정보일 수 있다는 단점이 있다.

2차 자료는 주로 문헌연구를 통해서 수집된다. 접근하려는 문제에 관해서 이미 이루어진 연구결과와 통계 자료 등을 수집·분석·연구하는 것을 의미한다.

다. 통계조사에서 자료 수집방법

1차 자료를 수집하기 위해서 가장 많이 활용하는 통계조사에서 사용되는 자료 수집방법은 크게 온라인조사, 우편조사, 전화조사, 직접면접조사로 구분된다. 이 중 어떤 방법이 가장 좋다고 정의하는 것은 의미가 없으며 조사의 목적이나 기간, 비용 등에 따라서 각각 장단점이 있을 수 있다.

통계조사 각 자료 수집방법에 따라서 조사 비용, 필요한 인프라, 모집단과 표본의 추출, 질문의 형태, 조사 과정에 대한 통제방법, 조사 기간, 조사의 용이성 등이 달라진다. 따라서 프로젝트의 목적과 조사의 수준에 따라서 소요되는 시간과 비용, 조사인력 등을 적절하게 고려한 방법을 결정해야 한다.

통계조사에서 중요한 개념과 자료 수집방법에 따른 특성은 다음과 같다.

① 모집단

모집단은 어떤 정보를 얻고자 하는 전체 대상을 의미한다. 이 모집단

 4차산업혁명, 문제해결력이 정답이다

으로부터 추출된 모집단의 부분 집합이 표본집단이다.

예를 들어 우리나라 20대 여성의 평균 몸무게를 파악한다고 하자. 이때 가장 정확한 방법은 우리나라 20대 여성 모두의 몸무게를 측정하는 것이다. 그러나 수백만이 될 20대 여성의 몸무게를 측정하는 것은 쉽지도 않지만 의미도 없다. 이때 20대 여성의 특성을 잘 반영하는 표본을 뽑아서 이들 몸무게의 평균을 구하면 모집단인 우리나라 20대 여성 전체의 평균 몸무게와 거의 동일한 결과가 나온다. 주의해야 할 것은 이때 모집단은 여성 전체도 아니고 20대 전체도 아닌 20대 여성이어야 한다. 모집단을 정확히 정의해야 추출된 표본이 그 모집단의 특성을 대표할 수 있다.

② 표본 추출

표본 추출은 관찰의 대상을 선정하는 과정으로 모집단의 특성을 잘 나타나게 할 수 있는 대상을 모집단 중에서 일정 부분 뽑아 내는 과정이다. 표본을 추출하는 것은 여러 가지 방법이 있지만 대표적으로 무작위로 추출하는 방법과 일정한 특성을 반영해서 추출하는 방법이 있다. 무작위로 표본을 추출하는 확률표본추출은 비교적 적은 수의 샘플로 모집단의 특성을 일반화하여 추론하는 것을 가능하게 하므로 많이 사용된다.

난수표(random table number)를 이용하는 표본 추출 사례

예 570명의 모집단 중 50명을 추출한다고 가정할 때

① 모집단을 각각 1부터 570번까지 번호를 부여한다.

② 모집단이 세 자릿수이므로 세 자릿수의 난수가 필요하다.

③ 다섯 자릿수의 난수표에서 임의로 번호를 선택하되 이 숫자의 왼쪽이나 오른쪽부터 세 자릿수만 취한다(예를 들어 난수표의 번호가 58347이라면 이 중 왼쪽에서 세 자릿수 583 혹은 오른쪽에서 세 자릿수 347을 취한다).

④ 난수표상에서 오른쪽, 왼쪽, 대각선 방향 등 아무 방향으로나 이동하면서 ③의 방식을 반복한다. 이때 숫자를 취하는 방법은 동일해야 한다.

⑤ 570이 넘는 숫자가 나오면 무시한다.

⑥ 50개의 표본이 추출될 때까지 계속한다.

③ 설문 작성

통계조사에서 질문을 작성할 때는 내용, 질문의 형식, 문항의 순서를 결정해야 한다. 질문의 내용은 필요한 항목을 측정하기 위해서 어떠한 내용의 문항이 포함되어야 할 것인지 결정하는 것을 말한다. 예를 들어 수업만족도를 조사할 때 구체적으로 수업시간의 적절성, 교재의 적절성, 수업 내용의 충실성, 평가 등에 대한 내용을 의미하는 것이다.

질문 형식은 응답 형식을 개방식으로 할 것인지 폐쇄식인 선택형으로 할 것인지를 말하는 것이다. 문항의 순서는 응답하기 쉬운 것부터 시작해서 솔직한 응답을 할 수 있도록 배열하는 것이 효과적이다.

이 중 가장 핵심은 설문문항의 내용이다. 설문문항은 가능하면 문항 수가 많지 않아야 하고, 정확하게 내용을 전달하고 응답자가 알고 있는 내용이어야 하며, 쉽게 응답할 수 있어야 한다. 따라서 설문문항을 결정할 때는 꼭 필요한 내용인지, 한 문항으로 충분하지 않으면 복수의 문항으로 하되 한 질문에서 두 가지 이상의 내용을 묻지 않도록 해야 한다. 또한 응답자가 잘 모르는 내용은 질문해서는 안 되며, 응답을 하기 위해서 시간적으로 많은 노력이 필요하면 응답을 하지 않거나 무성의한 응답을 할 가능성이 높다. 응답자가 응답을 기피할 수 있는 질문을 하면 엉터리로 응답할 수 있으므로 이런 점을 감안하여 설문 내용을 결정해야 한다.

질문 형식은 개방형과 폐쇄형으로 나눌 수 있다. 특정한 형식 없이 응답자가 자유롭게 응답하는 것이 허용되는 질문이 개방형이다. 폐쇄형 질문은 제시한 목록에서 응답자가 고르도록 선택하는 질문이다. 폐쇄형은 다시 단순선택형, 등급형, 서열형 등 크게 3가지 양식의 질문으로 나눌 수 있다.

예 개방형 질문 사례

흡연구역 활성화를 위한 최선의 방안은 무엇이라고 생각합니까?

예 폐쇄형 질문 사례

① 단순선택형: 양자택일형(예–아니오, 찬성–반대)과 다중택일형(3개 이
상의 항목 중에서 하나를 선택)이 있다.

② 등급형: 질문에 대한 동의나 부정의 정도를 측정하는 방식이다(매
우 그렇다–그렇다–보통–그렇지 않다–매우 그렇지 않다).

③ 순위형: 여러 개의 주어진 항목에 대해서 순위를 매기도록 하는
방식인데 선호도나 중요도를 측정하기 위해서 사용한다.

설문문항을 배열하는 것도 응답에 중요한 영향을 미치므로 세밀하
게 검토해야 한다. 공식처럼 정해진 것은 없지만 응답자가 거부감 없이
접근해서 끝까지 충실하게 응답할 수 있도록 배려해야 한다. 대체적으
로 쉽고 가장 흥미 있는 문항을 앞부분에 배열하면 거부감을 줄일 수
있다. 어렵고 지루한 질문은 설문의 가운데 부분에 배열하는 것이 좋은
데 어려운 문항을 뒷부분에 배치하면 피로감이 높아져서 제대로 응답
하지 않을 가능성이 높다.

심각하거나 민감한 질문 내용은 다른 문항의 응답에 영향을 미치기
쉬우므로 마지막 부분에 오도록 하는 것이 응답의 오류를 줄이는 방법

이다. 질문은 내용의 범위가 넓은 질문에서 좁은 질문 순으로 좁혀가야 응답자가 자신의 응답에 논리적인 연결을 통해서 쉽게 응답하게 된다.

설문조사에서 만족할 응답을 기대하기 위해서는 질문이 명확해야 하며 여러 가지를 묻는 질문을 피해야 한다. 응답자의 능력을 고려한 단어와 문장을 사용해야 하며 부정적인 문항은 피하는 것이 좋다. 또한 유도질문이나 의도가 담긴 용어를 피해야 한다. 질문은 될 수 있으면 짧고, 간결하게 서술해야 한다.

4) 해결방안 도출 및 실행

해결방안은 어떻게(How), 누가(Who), 무엇을(What) 할 것인가를 정하는 일이다. 이것은 앞에서 검토하고 분석한 자료와 정보를 바탕으로 주어진 문제를 해결하기 위한 접근법과 이루어져야 할 일련의 행위를 고안하는 것이다 해결방안은 이미 정해져 있는 내용이라기보다는 새롭게 생각하고 만들어내야 하는 것이므로 프로젝트 팀원들의 여러 가지 아이디어를 최대한 끌어내는 노력이 중요하다.

아이디어를 끌어내기 위해서 사용하는 일반적인 방법은 우리가 잘 알고 있는 브레인스토밍(Brain Storming) 방법을 비롯해서 브레인스토밍의 한계를 극복하기 위해서 개발된 브레인라이팅(Brain Writing), 명목집단법(NGT : Normal Group Technique), 랜덤워드(Random Word), 크레이지 아이디어(Crazy Idea), 수평적 사고(Lateral Thinking) 등이 있다.

널리 알려진 브레인스토밍은 3가지 단점이 지적되고 있다. 다른 사람의 아이디어를 듣지 않고 자신의 아이디어만 생각하고, 자신이 생각한 아이디어를 다른 사람이 먼저 이야기하면 이야기할 기회가 없어지며, 인원이 너무 많으면 이야기할 시간이 제한된다는 첫 번째 문제를 생산 장애라고 한다. 다음으로 혼자 할 때보다 타인에게 의존하게 되어 책임감이 떨어지는 사회적 태만이 발생한다. 그리고 다른 사람이 이미 그 아이디어를 생각하고 있을 것이라는 지레짐작과 상사나 권위적인 사람이 있으면 위축되는 사회적 억제가 활발한 아이디어 산출을 막는 장애가 된다.

명목집단법(NGT)은 토론을 시작하기 전에 주제에 대한 자신의 생각을 정리할 수 있는 일정한 시간을 부여하여 개인적인 작업에 중심을 둠으로써 명목상으로는 집단이지만 개인의 책임을 강조하는 방법이다. 따라서 구성원들은 적극적으로 참여하게 되고 타인의 의견을 경청하는 분위기가 만들어진다.

브레인라이팅은 브레인스토밍의 한계를 극복하기 위해 독일에서 개발된 아이디어 창출 방법으로 참석자 수만큼 워크시트를 준비하고, 자신의 아이디어를 1~2개씩 적어가며 종이를 돌리면서 아이디어를 추가해 나가도록 한다. 이 방법은 타인의 아이디어를 참고로 자신의 아이디어를 이끌어낼 수 있으므로 소극적인 사람들까지 의견을 이끌어낼 수 있다는 장점이 있다. 또한 자신의 생각을 글로 쓰기 때문에 정리된 의견을 제시하게 되고 솔직한 의견이 나올 수 있는 분위기를 만들 수 있다. 이렇게 해서 정리된 아이디어 중 새롭고 색다른 아이디어를 발표하면 좋은 방안을 도출하는 데 크게 도움이 된다.

랜덤워드 방법은 강제연상기법으로 참여자에게 주제와 관계없는 특정한 단어를 선택하도록 한 다음 이 단어의 특성을 15~20개까지 브레인스토밍 하도록 한다. 이렇게 연상된 특성과 현재의 문제를 강제로 연관시켜서 새로운 아이디어를 만드는 방법이다. 이 방법은 아이디어를 내는 단계에서 진전이 없이 참여자들이 고정관념에 갇혀서 고만고만한 아이디어만 반복적으로 나올 때 강제적인 자극을 통하여 획기적인 아이디어를 끌어내는 효과가 있다. 예를 들어 호텔 마케팅 방안을 구상하던 팀이 개구리라는 단어를 선택했다면 이 단어에서 연상되는 특성은 연못, 왕눈이, 비, 올챙이, 뒷다리, 청개구리, 엄마, 알, 높이뛰기, 황소개구리 등이 있을 것이다. 이것을 '연못처럼 고객이 모이는 장소로 만든다' 또는 '청개구리처럼 다른 호텔과 다른 시기에 이벤트를 한다' 등의 아이디어로 연결할 수 있을 것이다.

크레이지 아이디어는 Crazy Idea를 이용하여 Smart Ideas를 창출하는 방식이다. 도출된 아이디어 중 가장 Crazy한 Idea를 이용하여 기발한 아이디어를 개발한다.

문제와 관련해서 가장 Crazy한 아이디어를 리더가 읽으면 그 내용 속에 있는 '긍정적인 실마리'를 3가지 정도 브레인스토밍 하여 적는다. 이렇게 발견한 '긍정적인 시각'에서 문제와 연결하여 각자 Smart한 아이디어를 1개씩 도출하고 이 아이디어를 보고 새로운 아이디어를 개발한다.

이렇게 해결방안을 도출하고 나면 도출된 해결방안 중에서 최적의 방안을 선택하는 것이 중요한 의사결정의 단계이다. 선택된 최적의 해결안에 대한 대안을 파악하고 결정된 해결안의 타당성을 검토해야 한다.

최적의 해결방안을 선택하기 위해서 도출된 해결안을 유사한 형태끼리 묶고 여기에 핵심단어를 부여한다. 이렇게 그룹핑과 핵심단어 부여가 완료되면 각 아이디어에 대해서 구성원들이 복수의 아이디어를 선택하는 투표를 한다. 이렇게 해서 선정된 3~4개의 아이디어에 대해서 집중적으로 토론하여 최적안을 도출한다. 이런 방법을 스토리보드(Storyboard) 기법이라고 한다.

이렇게 최적의 해결방안을 도출하더라도 실행의 용이성이나 사업의 성과를 고려한 적절한 대안을 선정해야 한다. 대안을 선정하는 기준은 중요성, 시급성, 효과성, 자원투입 정도를 평가요소로 각 요소에 가중치를 부여하여 계산한다. 가장 높은 점수의 순위에 따라 최종 해결방안을 선정한다.

이렇게 최종 해결방안이 도출되면 이 방안의 타당성을 검증해야 하는데, 그 이유는 해결방안은 프로젝트 팀원들에 의해서 도출된 해결방안이므로 주관적인 견해에 불과하기 때문이다. 따라서 해결방안에 대한 검증이 필요한데, 해결방안을 직접 수행해서 그 결과를 보는 것이 가장 정확한 방법이다.

그러나 검증이 되지 않은 해결방안을 직접 실행하는 것은 위험하고 무책임한 시도이다. 실패할 경우 초래될 문제점을 피하기 위해서 시뮬레이션이나 파일럿 테스트(Pilot Test)를 실시해서 실제 실행되었을 때의 성과를 예측하는 것이 필요하다.

파일럿 테스트는 선정된 아이디어의 실현 가능성을 높이기 위하여 실제로 적용해보는 과정이다. 이 과정을 통해서 선정된 해결방안의 실행 계획을 구체화하고 실제로 제한된 상황에서 적용해보는 과정에서 예상되는 장애요소 또는 촉진요소를 확인할 수 있다. 이 과정을 통하여 선정한 해결방안의 실행을 위한 보완내역을 구체화함으로써 향후 성공적인 확산을 준비할 수 있다.

 4차산업혁명, 문제해결력이 정답이다

5) 피드백 및 최종안 정리(결과 보고)

　　피드백은 의사소통의 과정이다. 최종 해결방안을 도출하는 과정이나 도출되고 난 후에도 프로젝트의 원활한 진행을 위해서 주기적인 피드백이 필요하다. 특히 최종 해결방안에 대한 검증이 이루어지면 실제 상황에서 해결방안을 적용하게 된다. 이 과정에서 프로젝트의 이해당사자들의 모니터링과 평가를 통해서 검증의 과정에서도 예측하지 못한 문제점이나 보완점을 파악하게 된다. 이런 문제점이 발견되면 이를 해결하기 위한 인적·물적자원의 지원이나 경험을 바탕으로 조언이 필요하다. 이런 지원이 원활하게 이루어져서 프로젝트가 성공적으로 진행되기 위해서는 피드백을 잘 활용할 필요가 있다. 이렇게 해서 완성된 최종안을 정리하게 된다.

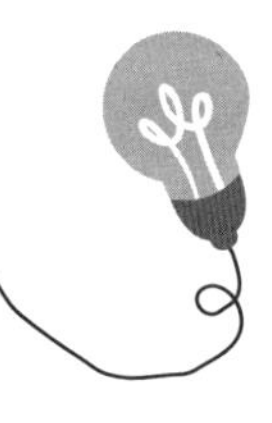

5.3
사례를 통해서 배우는 프로젝트, 성공한 프로젝트를 벤치마킹하라

사례 1) 대학생이 참여한 전통시장 활성화 프로젝트

서울 소재 모 대학의 대학생들이 대학 인근의 재래시장인 H 시장을 활성화하려는 목적으로 추진한 프로젝트이다.

가. 현황

H 시장은 등록시장의 법적 위치를 확보하지 못한 인정시장이다. 때문에 정부의 전통시장 육성 혜택을 많이 받지 못하는 한계를 안고 있다. 또한 월 100~150만 원 정도의 소득을 얻는 빈곤한 상인들이 무허가 건물로 사업을 진행하는 등 경제적으로 어려움을 겪고 있으며, 인근 대형마트로 인한 위협은 날로 증가하고 있는 상황이다. 시장 상인회를 중심으로 시장을 변화시키려는 의지가 있었기 때문에 구청의 지원을 받아 지붕공사를 진행하는 등 적극적으로 노력하고 있다. 이러한 상황에서 프로젝트 팀은 상인들과 함께 H 시장을 발전시킬 수 있는 프로젝트를 진행했다.

나. 문제해결 과정

① 목표: H 시장의 활성화로 상인 매출증대

② 문제정의: H 시장의 매출이 상권침체로 매년 정체되어 있다.

③ 원인 분석

- 기존의 열악한 환경으로 인한 소비자들의 부정적인 인식

- 인근 대형마트 입점으로 상권 분할

- 홍보전략 및 홍보활동 부재

④ 해결방안

- 외형적으로 달라진 시장을 인근 고객들에게 효과적으로 홍보하는 것이 필요

- 사업 분야 다각화로 매출 신장

- 시장 이미지 변화를 위한 지속적인 노력

⑤ 실행방안

- '에누리 나눔권(할인쿠폰북)' 제작 및 배포

- 단순한 할인쿠폰의 제공이 아니라 시장 상인들의 스토리, 쾌적해진 시장의 모습을 홍보하는 차별화된 쿠폰북을 제작하여 약 4000여 장 배포

- MT 및 학교축제와 연계된 온라인몰 구축

- 시장 이미지 개선을 위해 검은색 봉투를 흰색으로 교체

⑥ 실행 및 평가

- 15%의 쿠폰북 회수율(일반 백화점 정도의 쿠폰 회수율)을 기록하는 등 인근 고객들에게 시장을 성공적으로 홍보한 것으로 평가됨.
- 온라인몰 구축으로 상인들과 상인회 배송센터에 추가적인 수익이 일어나 수익이 128%로 증가함.

다. 프로젝트 진행 과정

① 프로젝트팀 구성: 대학생 동아리, 시장 상인회

② 계획

- 재래시장의 이미지를 개선하고 홍보하기 위한 전략과 사업분야를 다각화해서 매출을 늘리고 지속적으로 이미지를 개선하기 위한 방안 실행

③ 실행

- 인터뷰를 통해 시장 구성원의 요구를 파악하고, 적극적 참여를 이끌어냄.
- 프로젝트 팀과 시장 상인들 간의 역할 균형에 중점을 두고 집행
- 시장 상인들의 요구에 의해 쿠폰북 제작 및 배포
- 단순 할인쿠폰 이상의 시장 홍보 쿠폰북으로 추진
- MT 및 학교축제 연계사업 관련 온라인몰 구축, 홈페이지는 프로젝트 팀이, 물품이나 가격 구성은 시장 구성원들이 결정
- 시장 이미지 개선을 위해서 검은색 봉투를 흰색으로 교체

④ 통제

- MT Package 및 대학교 축제 Package는 시즌에 영향을 많이 받음.

- 참여 상점의 수나 물품의 한계

- 산악회 Package로 사업 확대

⑤ 종료

- 현재 진행 중

⇗ 이 프로젝트는 대학생들과 시장 상인들이 협력적으로 추진하고 있어 높은 성과를 내었다고 평가할 수 있다. 온라인몰의 경우 대학생들의 강점인 컴퓨터 활용 기술과 시장 상인들의 경험이 잘 결합되었고, 홍보 역시 시장 구성원들이 적극적으로 참여한다는 점에서 좋은 사례이다. 또한 쿠폰북과 흰색 비닐봉투 제작에 광고를 활용하여 비용을 절감하는 효과를 얻은 것도 프로젝트의 성공적인 추진에 도움이 된 것으로 보인다.

사례 2) 마인드팔(Mindpal)의 구인광고 결합 추진사례

세계적인 소셜 네트워크 서비스 업체인 마인드팔의 프랑스 지사에서 지역 구인광고 제휴를 추진하고 있다. 자사의 사이트에 구인광고를 게재하면 사용자 경험을 증가시키는 효과와 동시에 구인광고 한 건당 1.5유로의 수익이 회사에 들어온다. 최근 감소한 광고수익을 상쇄할 수 있는 훌륭한 아이디어로 보였다. 특히 마인드팔은 주요 경쟁사에 비해 구인광고를 적게 하고 있는 상황이었다. 경영진이 이 아이디어를 검토하자 담당인 영업부서에서는 적극적으로 지지했지만, 재무이사는 이 정도 아이디어로는 결코 감소하는 수익을 메우지 못할 것이라는 회의적인 태도를 보이며 영업팀에 심층조사를 지시했다. 마케팅 부장은 사용자 경험과 브랜드 가치에 미칠 영향을 우려하는 의견을 냈고 결국 이 아이디어는 보류되고 말았다.

⇨ 무엇이 문제인가? 이 프로젝트 추진 사례는 구체적인 목표나 비전 없이 시작된 것이 근원적인 문제이다. 원하는 것이 무엇인가? 이익 창출인지, 사용자 경험 개선인지, 브랜드 가치 향상인지, 온라인 광고 시장의 선두주자가 되는 것이지 등 명확한 목표가 없으므로 아무도 설득하지 못하는 결과를 가져온 것이다.

사례 3) 가마카쓰 마을의 기적

일본 도쿠시마 현에 위치한 '가마카쓰'라는 마을은 산림으로 둘러싸인 두메산골이다. 이 마을은 정부가 외국에서 값싼 목재를 수입하기 시작하면서부터 위기에 빠지게 되었다. 마을의 젊은 사람들은 도시로 떠나고 고향에는 노인들만 남게 되었다. 이로 인해 극심한 인구감소와 고령화 현상으로 폐촌의 위기에 내몰렸던 마을에 놀라운 변화가 일어난다. 연간 40억 원을 벌어들이는 부자마을로 바뀐 것이다. 이제 타 지역에서 젊은이들이 일자리를 찾아오기도 할 정도이며, 해외 관광객들의 발걸음 역시 끊이지 않게 되었다. 가마카쓰 마을을 '기적의 마을'로 만들어준 것은 바로 나뭇잎이다. 어느 날 농업협동조합의 한 직원이 나뭇잎을 따서 음식점에 팔자는 아이디어를 냈고, 이를 바탕으로 '이로도리'

라는 기업을 세워서 고급요리용 장식 소재로 쓰이는 소나무와 동백나무 잎을 팔기 시작했다. 처음에는 고전했지만 음식점 특성에 따른 맞춤형 제품을 만들면서 수요가 증가하고 높은 수익을 내기 시작했다. 전국의 음식점에서 필요로 하는 나뭇잎의 수요가 얼마나 되는지를 조사한 것에서 나온 결과이다. 이 마을이 울창한 숲에 둘러싸여 있어 나뭇잎을 쉽게 구할 수 있었기에 가능한 사업이었다. 그러나 농협직원이 그 가치에 주목하기 전에는 아무도 거들떠보지 않던 강점이었다.

⇨ 가마카쓰 마을의 사례를 통해 어떤 방식으로 프로젝트를 진행할 수 있을지 생각해보자.

사례 4) 7 UP

미국의 코카콜라가 음료업계를 평정하고 있을 때 7 UP이라는 청량음료는 비교가 안 될 정도로 미미한 인지도를 가지고 있었다. 1968년 레몬타입의 청량음료인 7 UP은 스스로를 '언콜라(uncola)'로 포지셔닝했다. 즉, '콜라 = 카페인, 7 UP = 노카페인'이라는 등식을 성립시킨 것이다. 이렇게 '언콜라'라는 단어를 7 UP 제품에 포지셔닝하자 단번에 사람들은 7 UP과 거대브랜드인 코카콜라를 비교하기 시작했다. 그 결과 7 UP은 첫 해에 15%라는 놀라운 성장을 기록했고, 10년 후에는 필립모리스에 5억 2000만 달러에 매각되었다. 이 사례는 잠재고객의 사고를 전환시킨 것이 성공의 요인이었다. 세상의 음료를 '콜라'와 '언콜라'로 이원화함으로써 7 UP 제품의 인지도가 급상승하게 된 것이다.

⇨ 이 사례에서 7 UP의 문제해결 과정을 프로젝트로 추진한다면 어떻게 진행할 것
인지 생각해보자.

생각해보기) 멀티숍(Multishop) 또는 숍인 숍(Shop in Shop)

예전에는 운동화를 구입하려면 해당 제조사의 전문매장에 가야 했
다. 프로스펙스를 구입하려면 프로스펙스 대리점에, 나이키를 사려면
나이키 매장에 가야 했던 것이다. 그러나 지금은 다양한 제조사에서 만
든 신발을 하나의 매장에서 다 볼 수 있는 멀티숍이 있다. 그 대표적인
것이 ABC 마트이다. 여러 매장에 갈 필요 없이 한 매장에서 내가 원하
는 다양한 제품들을 비교하면서 평가와 구입이 가능해진 것이다. 현재
멀티숍의 매출은 급상승하고 있다. 이와 비슷한 비즈니스 모델로는 '숍
인 숍'이 있다. 한 매장에 두 개 이상의 여러 개의 매장을 같이 운영하는
방식이다.

⇨ 편의점 매출이 감소하고 있다. 이 문제를 해결하기 위해 프로젝트를 진행하려고
한다. 멀티숍이나 숍인 숍을 추진하는 프로젝트를 기획해보자.

생각해보기) 대전 '행복배달 가유' 프로젝트

대전 중구는 노인자살 사망률이 월등히 높은 지역실정을 반영해
서대전우체국 행복나눔365봉사단과 함께 노인자살예방사업 '할

매, 할배 행복배달 가유'라는 프로그램을 실시해 큰 성과를 거두고 있다.

'할매, 할배 행복배달 가유' 사업은 대전 중구가 서대전우체국과 협력하여 관내 우울 및 자살 고위험 어르신과 집배원을 연계해 안부확인 및 정서지지 역할을 수행하는 사업이다. 같이가you, 사랑담아you, 사랑담아 전해you 등 3개 사업이 그 내용이다.

'같이가you'는 지역사회 고위험 대상 노인을 발굴하고 네트워크를 형성하며 생명지킴이를 양성하는 1단계 프로젝트이다.

'사랑담아you'는 기쁨을 만들고 배달하는 2단계 프로젝트로 행복배달을 위한 집배원과 어르신 간담회 개최, 고위험군 노인에게 집배원 방문 및 정서지지, 센터와 집배원 간 SNS를 통한 고위험군 관리의 전문성을 강화하는 사업이다.

'사랑담아 전해you'는 센터와 YWCA 방과후공부방에 사랑의 우체통을 설치해 초·중·대학생들의 사랑나눔 편지쓰기와 사랑편지 배달, 집배원과 어르신 레크리에이션 및 행복나눔 선물을 전달하는 '편지왔어유, 행복보따리 왔어유' 사업이다.

⇨ 이 사례에서 프로젝트를 통해 해결하고자 하는 문제와 프로젝트의 목표를 먼저 살펴보자. 대전시 중구청에서 직면하고 있는 문제는 높은 노인자살 사망률이다. 이 문제를 해결하기 위해 어떻게 성공적으로 프로젝트를 추진할 수 있을지 생각해보자.

사례 5) 임산부배려석의 이용 활성화를 위한 방안

이 프로젝트 사례는 지하철에서 시행되고 있는 임산부배려석(이하 임산부석)의 이용을 활성화하고 올바른 이용을 유도하기 위한 방안을 개발하는 것이다. 이 사례를 특별히 소개하는 이유는 수업시간에 아이디어를 도출 차원에서 그치는 것이 아니라 개발한 아이디어를 직접 서울메트로 담당자에게 제안하고 적용방안에 대해서 논의를 진행하는 실제 상황으로 연결된 프로젝트이기 때문이다.

수업시간에 프로젝트를 과제로 수행하는 경우 대부분 아이디어를 도출하고 이를 발표하는 수준에서 그치는데, 이 프로젝트의 경우 수업시간에 이루어진 과제이지만 해결방안을 실제로 적용하는 단계로 연결되었다는 점이 의미가 있다. 프로젝트 학습은 단순한 지식의 습득을 목적으로 하는 것이 아니라 실제 삶의 문제를 해결하는 과정을 이해하는 것이 목적이므로 자신들이 도출한 아이디어를 실생활에서 적용하고 실천할 수 있도록 프로젝트의 목표를 설정하는 것이 필요하다.

이런 시도를 통해서 자신들이 생각한 방안이 현실에서 적용되기 어려운 장애와 한계를 경험하고 이를 극복하기 위한 대안을 찾는 과정을 거침으로써 단순히 머릿속에 기억된 지식이 삶의 문제를 해결하는 힘으로서의 지식으로 전환하게 된다.

① 주제 선정

이 그룹에서는 조원들이 제시한 다양한 제안을 토론을 통해서 지하철 임산부석 활성화를 위한 방안을 주제로 선정했다. 선정 이유는 현재 시행되고 있는 임산부석이 제대로 정착되지 못하고 있는 점을 다수가

동의했기 때문이다. 임산부석에 임산부가 아닌 사람이 앉아도 아무런 제재가 없고, 임산부인 것을 증명하기 힘든 경우도 많으며, 심지어 임산부석에 앉아 있는 초기 임산부가 폭행을 당하는 사례까지 발생했다는 제안 이유가 설득력을 얻었던 것으로 보인다.

② **역할 분담**

주제가 정해지고 난 후 조원들 각자가 수행해야 할 역할을 분담했다. 1단계에서 1차 자료와 2차 자료조사로 나누어서 1차 자료조사를 맡은 조원들은 설문조사를 위한 설문지를 작성하고, 2차 자료조사를 맡은 조원들은 인터넷이나 도서관에서 기존에 발표된 임산부석 관련 자료를 검색하고 분석하는 역할을 수행했다. 설문지가 완성된 후 설문조사는 그룹 전체가 참여해서 진행했다. 이렇게 수집된 자료는 그룹 전체가 함께 분석하고 해결방안을 도출한 후 서울메트로의 업무담당자와 인터뷰도 전체 조원이 함께 진행하기로 했다.

③ **자료조사 및 분석**

수집된 1차 자료와 2차 자료를 토대로 해결방안을 도출하기 위해서 자료 분석을 시행했다. 다른 기관에서 시행한 지하철 임산부석 활용과 관련한 설문을 분석하여 문제점과 해결과제를 파악했다(출처 : 인터넷 카페 맘스홀릭베이비).

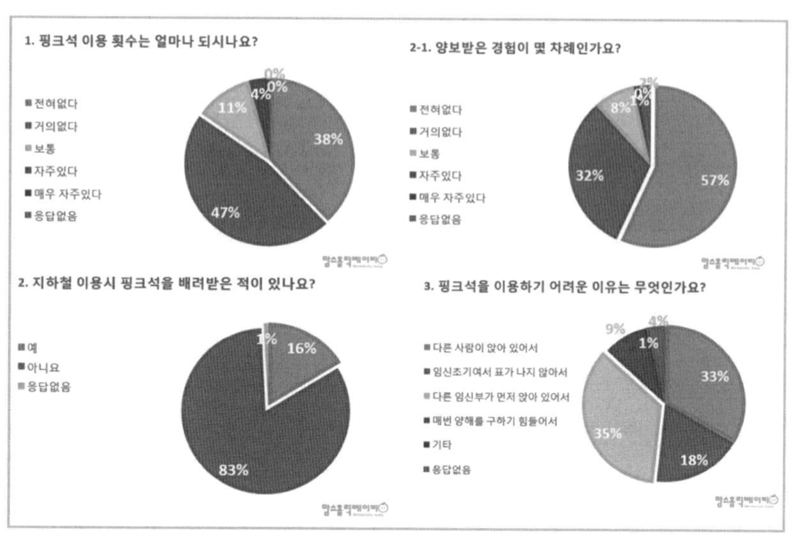

그림 12. 임산부석 이용에 대한 실태조사(http://cafe.naver.com/imsanbu)

또한 수집된 자료를 통해서 이미 부산김해경전철에서 임산부석 비컨을 만들어서 시행하고 있는 것을 확인했다.

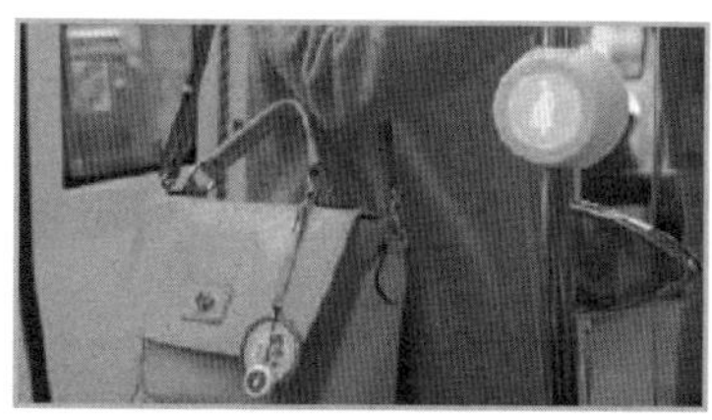

그림 13. 대홍기획과 부산시가 기획한 '핑크라이트' 광고 캠페인. 발급받은 비콘 펜던트를 지니고 임산부석 근처에 가면 수신기에 핑크색 불이 켜진다.

이 사례를 통해서 이를 개선한 아이디어로 발전시켰고 대부분의 사람들이 사용하는 스마트폰의 NFC센서를 활용하는 방안을 제안하게 되었다.

1차 자료 수집은 자체적으로 작성한 설문지를 이용하여 지하철 이용 승객을 대상으로 설문을 시행했다.

지하철을 이용하는 시민들을 대상으로 한 설문조사

1. 선생님의 연령대를 체크해주세요.
① 10대　② 20대　③ 30대　④ 40대　⑤ 50대　⑥ 60대　⑦ 70대

2. 자신의 성별에 체크해주세요.
① 여　② 남

3. 임산부석의 필요성에 대해서 어떻게 생각하십니까?
① 매우 필요하다　② 필요하다　③ 보통이다
④ 불필요하다　　⑤ 전혀 필요 없다

4. 다음은 임산부석의 효율적인 운영을 위해서 임산부에게 휴대폰에 설치할 수 있는 NFC센서 배지(또는 스마트폰 앱)를 배부하는 안에 관한 의견을 묻는 질문입니다.

1) NFC센서 배지(또는 스마트폰 앱)를 소지하지 않은 승객이 임산부석에 앉으면 발판에서 불빛이 나는 LED 발판을 설치한다.
① 매우 좋음　② 좋음　③ 보통　④ 안 좋다　⑤ 매우 안 좋음

---

2) NFC센서 배지(또는 스마트폰 앱)를 소지하지 않은 승객이 임산부석
에 앉으면 비임산부라는 안내방송이 나오는 오디오.
① 매우 좋음 ② 좋음 ③ 보통 ④ 안 좋다 ⑤ 매우 안 좋음

3) NFC센서 배지(또는 스마트폰 앱)를 소지하면 자동으로 펼쳐지는 간
이 접이식 의자 설치.
① 매우 좋음 ② 좋음 ③ 보통 ④ 안 좋다 ⑤ 매우 안 좋음

4) 가장 좋다고 생각되어지는 아이디어를 선택해 주시고 그에 대한
이유와 개선할 점이 있으시면 자유롭게 적어주세요.
① 1)번 ② 2)번 ③ 3)번

학생들이 직접 작성한 설문은 설문으로서 완성도는 떨어지지만, 문
제해결을 위해서 다양한 정보를 수집하는 방법으로 설문을 시행하는
경험은 중요한 과정이라고 판단된다. 실제로 해보는 것과 이론적으로
이해하는 것은 큰 차이가 있다. 프로젝트를 하는 이유도 실제로 해보는
과정에서 제대로 이해할 수 있기 때문이다. 설문조사의 응답자가 25명
으로 충분한 응답이라고 할 수 없는 점도 응답결과에 대한 신뢰도가 확
보되지 않은 문제를 남겼다. 이런 점에 대해서는 추후 평가를 통해서 문
제점을 인식하도록 하는 것이 필요하다. 설문은 가장 이용객이 많은 역

중의 하나인 사당역에서 이루어졌으며 설문조사 과정에서 설문의 응답을 얻기가 쉽지 않음을 경험했다. 설문지 작성에서 리카도 5점 척도를 이용해야 하는 이유를 배운 것도 성과로 평가된다.

그런 한계를 감안하고 설문결과를 분석해보면 응답자 대부분이 임산부석이 필요하다고 응답을 했다(매우 필요하다 13명, 필요하다 10명, 보통이다 2명).

그리고 임산부석 이용 활성화를 위한 방안에 대해서는 64%의 응답자들이 'NFC센서 배지(또는 스마트폰 앱)를 소지하지 않은 승객이 임산부석에 앉으면 발판에서 불빛이 나는 LED 발판을 설치한다'를 가장 좋은 아이디어로 꼽았다.

④ 해결방안 도출 및 검증

자료조사와 분석을 토대로 조원 전체의 토론을 통해서 해결방안을 도출했다.

제안된 해결방안은 다음과 같으며 대부분 NFC센서를 활용하는 안이다.

- NFC센서 배지를 소지하지 않은 승객이 임산부석에 앉으면 발판에서 불빛이 나는 LED 발판을 설치한다.
- NFC센서 배지를 소지하지 않은 승객이 임산부석에 앉으면 비임산부라는 안내방송이 나오는 오디오를 설치한다.
- NFC센서 배지를 소지하면 자동으로 펼쳐지는 간이 접이식 의자

를 설치한다.

- 임산부석을 일반석과 구분하여 따로 만든다(노약자 좌석처럼).
- 임산부에게 임산부인지 알게 해주는 목걸이를 준다.

⑤ 결과 보고 및 제안

이렇게 도출된 안을 정리해서 서울메트로의 담당자와 인터뷰를 했다. 인터뷰를 하기 위해서 담당부서를 파악하고 담당자와 사전약속을 잡는 과정도 프로젝트의 진행 과정이다. 이런 과정을 처음 경험하는 학생들에게는 프로젝트를 통해서 실제 일이 진척되는 과정을 배우게 되는 중요한 절차이다.

담당자와 인터뷰를 위해서 사전에 질문지를 작성하는 것도 학생들이 미처 생각하기 어려운 부분이었다. 프로젝트 진행 과정에서 교수자의 적절한 개입이 필요한 이유이다.

인터뷰 질문지에서는 임산부석이 도입된 후 잘 지켜지지 않고 있는 것으로 보이는데 담당자로서 어떻게 인식하는지, 임산부석에 대한 접수된 불만사항은 어떤 것인지, 파악된 문제점들을 개선할 계획이 있는지, 그리고 학생 자신들이 제안한 아이디어에 대한 평가를 요청하는 내용이 담겼다.

학생들은 담당자와 인터뷰를 마치고 소감에서 이런 인터뷰를 진행한 것에 대해서 높은 만족감을 표현했다. 담당자가 친절하고 성의 있게 자신들의 의견을 경청하고 인터뷰에 응해준 것에는 감동을, 자신들의 아이디어가 반영될 수 있을 정도의 수준으로 평가를 받은 점에 대해서는 자긍심을 느꼈다.

프로젝트를 통해서 자신들의 아이디어를 직접 제안하고 검증을 받는 과정을 경험하는 것은 프로젝트의 완성도를 높이고 그 과정에서 얻는 지식을 확장시키는 효과가 있다. 따라서 이 과정을 생략하지 않고 성의 있게 진행하도록 하는 것이 프로젝트의 성과를 높이는 길이다.

● 프로젝트 과제(문제해결 연습을 위한 프로젝트 예제)

1) 현재 강의실의 일체형 의자는 책상이 너무 좁아 노트북 컴퓨터를 놓기가 불편하고, 전원을 사용할 수도 없다. 강의/전체토론/조별 토론 등 다양한 형태의 수업을 하기에도 매우 불편하다. 이런 문제를 안고 있는 강의실 의자를 개선하는 방안을 기획해보자.

2) 커피숍 내 디스플레이의 효율성을 개선하라.

3) 지역 재생 프로젝트를 응용해서 우리 학교에 적용해보자.

4) 사람들이 에스컬레이터나 엘리베이터를 이용하지 않고 계단을 더 많이 이용할 수 있도록 하는 방안을 생각해보자.

5) 개봉을 앞둔 영화를 효과적으로 홍보하기 위한 방안을 기획해보자.

6) 우리 학교의 홍보 프로그램을 개선해보자.

7) 학생식당의 메뉴가 너무 단조롭고 맛이 없다. 학생들이 좋아할 만한 저렴한 가격의 신 메뉴를 개발해보자.

8) 우리 지역의 여행/의료 관광 활성화 프로젝트를 기획해보자.

9) 학교 내 흡연자들로 인해 불결한 환경이 조성되고 건강에도 피해가 예상된다. 금연을 권장하기 위한 방안을 추진해보자. : 홍보, 디자인, 기구제작

10) 주점 개선 프로젝트: 기획, 이벤트, 건전한 방법, 기념품 판매

11) 무공해 대중교통 운영 프로젝트: 기획, 차 디자인, 홍보, 운영방안

12) 학교 플리마켓 운영 프로젝트: 중고물건 판매와 교환

13) 수강 신청 과목을 교환하는 앱 개발 프로젝트

14) 알바교환 프로젝트(급한 상황 발생 시 서로 임시로 알바를 교환해주는
   시스템)

15) '나는 스무 살, 응답하라 ○○ 대학교' 학교생활과 20대로서 겪는
   문제 해결 프로젝트

■ 부록

문제해결력의 사전평가 체크리스트

문항	그렇지 않은 편이다	보통인 편이다	그런 편이다
1. 나는 업무를 수행하는 동안 발생한 문제의 핵심을 파악한다.	1	2	3
2. 나는 업무를 수행하는 동안 발생한 문제의 해결방법을 알고 있다.	1	2	3
3. 나는 향후에 발생할지도 모르는 문제를 미리 예견하여 대비책을 세운다.	1	2	3
4. 나는 현재 당면한 문제를 세부적으로 분석하여 해결방법을 찾는다.	1	2	3
5. 나는 문제가 발생했을 때 새로운 관점에서 해결책을 찾는다.	1	2	3
6. 나는 문제를 해결하는 데 장애가 되는 요소들을 사전에 제거한다.	1	2	3
7. 나는 문제를 해결하기 위한 다양한 아이디어를 많이 생각해 낸다.	1	2	3
8. 나는 문제를 해결하기 위한 독창적인 아이디어를 많이 제시한다.	1	2	3
9. 나는 문제를 해결하기 위해 다듬어지지 않은 아이디어를 분석하고 종합한다.	1	2	3

문항	그렇지 않은 편이다	보통인 편이다	그런 편이다
10. 나는 상대의 논리를 구조화하여 개선점을 찾는다.	1	2	3
11. 나는 상사의 지시를 무조건적으로 수용하지 않고 비판적으로 생각한다.	1	2	3
12. 나는 제시된 아이디어를 평가하는 데 자신의 의견을 적극적으로 표현한다.	1	2	3
13. 나는 문제가 발생했을 때 문제의 결과를 미리 예측한다.	1	2	3
14. 나는 문제가 발생했을 때 주변 환경을 잘 분석한다.	1	2	3
15. 나는 발생한 문제 중 우선순위를 잘 고려해서 먼저 해결해야 하는 문제를 잘 찾아낸다.	1	2	3
16. 나는 문제해결을 위해 제시된 대안을 논리적으로 검토한다.	1	2	3
17. 나는 문제를 해결하기 위한 대안이 실제로 실현가능한지를 고려한다.	1	2	3
18. 나는 문제해결을 위한 방법을 실천하고, 그 결과를 평가한다.	1	2	3

문제해결력의 사후평가 체크리스트

구분	문항	매우 미흡	미흡	보통	우수	매우 우수
C-1 문제해결	1. 나는 문제의 의미를 설명할 수 있다.					
	2. 나는 문제의 유형을 분류할 수 있다.					
	3. 나는 문제해결의 의미를 설명할 수 있다.					
	4. 나는 문제해결을 위해서 필요한 기본요소를 설명할 수 있다.					
	5. 나는 문제해결에 필요한 기본적인 사고를 설명할 수 있다.					
	6. 나는 문제해결에 장애가 되는 요소를 나열할 수 있다.					
	7. 나는 문제해결 절차가 무엇인지 설명할 수 있다.					
C-2-가 사고력	1. 나는 창의적 사고의 의미를 설명할 수 있다.					
	2. 나는 창의적 사고의 개발방법을 설명할 수 있다.					
	3. 나는 논리적 사고의 의미를 설명할 수 있다.					
	4. 나는 논리적 사고의 개발방법을 설명할 수 있다.					

구분	문항	매우 미흡	미흡	보통	우수	매우 우수
C-2-가 사고력	5. 나는 비판적 사고의 의미를 설명할 수 있다.					
	6. 나는 비판적 사고의 개발방법을 설명할 수 있다.					
	7. 나는 사고력을 발휘하여 실제 발생하는 문제에 대한 다양한 의견을 제시할 수 있다.					
	8. 나는 사고력을 발휘하여 실제 발생하는 문제를 해결할 수 있다.					
C-2-나 문제처리 능력	1. 나는 문제처리능력의 중요성을 설명할 수 있다.					
	2. 나는 문제해결 절차를 설명할 수 있다.					
	3. 나는 문제인식의 의미와 절차를 설명할 수 있다.					
	4. 나는 문제도출의 의미와 절차를 설명할 수 있다.					
	5. 나는 원인 분석의 의미와 절차를 설명할 수 있다.					
	6. 나는 해결안 개발의 의미와 절차를 설명할 수 있다.					
	7. 나는 실행 및 평가의 의미와 절차를 설명할 수 있다.					
	8. 나는 문제해결 절차에 따라 실제 발생하는 문제를 해결할 수 있다.					

■ 참고문헌

김기영. 《문제해결의 힘》. 위즈덤하우스, 2008.

김효준. 《창의성의 또 다른 이름 트리즈》. 인피니티북스, 2008.

나라이 안. 《문제해결력 트레이닝》. 긴영철 옮김. 인빛, 2003.

도야마 시게히코. 《생각의 틀을 바꿔라》. 전경아 옮김. 책이있는풍경, 2015.

롭판 하스트레트, 마틴 스켑바우버. 《거꾸로 생각하기》. 박다솜 옮김.

사토 안이치. 《바로 해답을 찾아내는 문제해결의 기술》. 이봉노 옮김. 새로운 제안,
　　2007.

오가와 히토시. 《피카소처럼 생각하라》. 신동운 옮김. 스타북스, 2015.

오정욱. 《아이디어 큐레이션》. 청년정신, p.183.

이시즈미 간지. 《유대인식 WHY 사고법》. 권혜미 옮김. 머니플러스, 2015.

이영석. 《진정한 퍼실리테이터는 누구일까》. HRD, 2009. p.106-109.

정찬근, 정다혜, 이경원. 《창의적 문제해결 트리즈》. MJ미디어, 2010.

한상형. 《톡톡톡 생각을 디자인 하라》. 정민미디어, p.61.

황희수. 《아이디어 발상 A to Z》. 내하출판사, 2003.

직업기초능력프로그램 : 학습자용 워크북. 한국산업인력공단, 2013.

직업기초능력프로그램 : 교수자용 워크북. 한국산업인력공단, 2013.

인터넷 카페 맘스홀릭베이비 http://cafe.naver.com/imsanbu

이순신 파워인맥, 이순신을 만든 사람들

이순신 파워인맥 33

제장명 지음 | 15,000원

'조일전쟁'을 승리로 이끈 이순신의 사람들 중에는 어떤 사람들이 있을까? 이 책에서는 이순신의 사람들 중 33명을 재조명하고 있다. 이순신의 최측근인 5명을 가장 먼저 소개하고 있는데, 이순신의 **핵심 지휘관**으로 정운, 권준, 어영담, 이순신(입부), 배흥립이 있다. 이순신과 함께 **전략/전술**을 함께 만든 유형, 송희립, 배경남을 소개하고 있다. 해전을 승리로 이끌기 위해서는 전선 및 무기를 담당한 사람들도 필요한데, 이런 역할을 한 사람이 나대용, 이언량, 정사준, 이봉수다.

조선의 프로젝트 리더, 이순신의 멘토링 교과서

이순신의 해전을 통해 본 **프로젝트 성공 법칙**

김덕수, 남재덕 지음 | 14,800원

이 책은 이순신 전문가와 프로젝트 매니지먼트 전문가가 함께 쓴 책이다. 해군사관학교를 졸업하고, 해군에서 굵직한 프로젝트를 진행한 이순신 전문가(김덕수)와 LG그룹에서 프로젝트 관리 전문가를 양성하는 프로그램을 운영(남재덕)했던 저자가 만났다. 이 책은 경영학의 프로젝트 매니지먼트 관점에서 이순신의 해전을 분석한 것이 특징이다. 저자들은 이순신의 해전을 분석하는 과정에서 놀라운 비밀을 발견하게 된다.

No.01

나는 밥 먹으러 학교에 간다

글 박기복 | 값 8,800원

No.02

일부러 한 거짓말은 아니었어

글 박기복 | 값 8,800원

No.03

우리 학교에 마녀가 있다

글 박기복 | 값 8,800원

No.04

소녀, 사랑에 말을 걸다

글 박기복 | 값 9,800원

No.05

소년 프로파일러와 죽음의 교실

글 박기복 | 값 10,000원

No.06

동양고전 철학자들, 셜록 홈즈가 되다

글 박기복 | 값 10,000원

No.07

수상한 고물상, 행복을 팝니다

글 이서윤 | 값 9,800원

No.08

뉴턴 살인미수 사건과 과학의 탄생

글 박기복 | 값 10,000원

No.09

신화 사냥꾼과 비밀의 세계

글 박기복 | 값 10,000원

No.10

내 꿈은 9급 공무원

글 박기복 | 값 10,000원

No.01

학급경영 멘토링

김성효 글 | 홍종남 기획

No.02

기적의 수업 멘토링

김성효 글 | 홍종남 기획

No.03

교육과정 콘서트

이경원 글 | 홍종남 기획

No.04

진로교육 멘토링

김성효 글 | 홍종남 기획

No.05

프로젝트 수업,
교육과정을 만나다

이성대 외 글 | 홍종남 기획

No.06

혁신학교,
행복한 배움을 꿈꾸다

이성대 글 | 홍종남 기획

No.07

수업도시락,
성찰과 협력을 담다

정민수 글 | 홍종남 기획

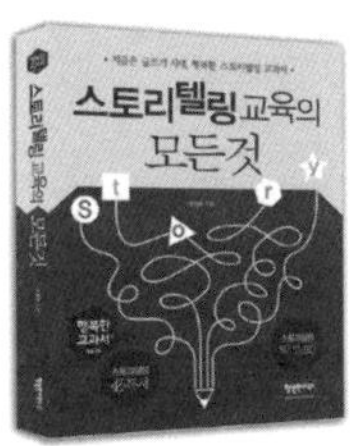

No.08

스토리텔링 교육의
모든 것

조정래 글 | 홍종남 기획

No.09

나는 수업하러
학교에 간다

최무연 글 | 홍종남 기획

No.10

수업성숙도,
교사의 강점을 담다

정민수 글 | 홍종남 기획

당신의 손끝에서,
대한민국의 소중한 자산이 만들어집니다!
창의적 사고와 문제해결능력을 키워주는 NCS 교과서